Walter Braun

Lyrik aus dem Alltag

Walter Braun

Lyrik aus dem Alltag

Zum Beschreiben und Durchschauen der menschlichen Vielfalt

Trainerverlag

Cover image: www.ingimage.com

Publisher:
Der Trainerverlag
is a trademark of
Dodo Books Indian Ocean Ltd. and OmniScriptum S.R.L publishing group

120 High Road, East Finchley, London, N2 9ED, United Kingdom
Str. Armeneasca 28/1, office 1, Chisinau MD-2012, Republic of Moldova, Europe
Printed at: see last page
ISBN: 978-620-0-76969-5

<Gliederung

Mehr zu Walter Braun:
www.system-management.com

1 Lyrik aus dem Alltag
zur Beschreibung der menschlichen Vielfalt

1.1 Besprechung mit mir selbst - Wie alles anfing

Dass gelegentlich Auszeiten zu Gedichten führen, mag nicht überraschen. Dass sie zu neuen Erkenntnissen führen, wohl auch nicht. Dass beides jedoch voneinander profitiert, schon eher und: lesen Sie in diesem Buch.

Das Ganze fing an mit einem Ritual, das mir im Laufe der Jahre lieb geworden ist: drei Stunden persönliche Zeit pro Woche zum ungebundenen Spielen mit Gedanken und Ereignissen in meiner Wahrnehmungswelt. Mehr Raum und Zeit erhalten sollten so politisches Geschehen, soziale Beziehungen, Entscheidungen, Ansichten und persönliche Haltungen. Themen, die mir im beruflichen und gesellschaftlichen Funktionieren abhanden zu kommen drohten. Reflexion meiner Selbst könnte man auch dazu sagen. Da ich mich einigermaßen gut auskenne mit Strategien der Selbstführung, nutze ich bis heute bei diesen Sitzungen mit mir selbst die Techniken des Zwiegesprächs im Rahmen des Inneren Dialogs oder auch Disputationen mit imaginierten Personen aus meinem sozialen Umfeld.

Eher zufällig stieß ich bei einer dieser Auszeiten auf die Technik des Reimens und spürte dabei, dass der Rhythmus der Sätze auch den Rhythmus des Denkens in Schwung bringt. Mit dem ersten Vierzeiler wurde mir klar, dass die Melodie der Sprache unbewusst Worte zu Sätzen formt, die die innere Haltung dazu verklausuliert ausdrücken.

Die Außenwendung des Inneren erfolgt unmittelbar und ohne Umschweife. Sie stellt gewissermaßen die Blaupause der Seele dar. Der Rhythmus bringt das Unbewusste zum Klingen und nimmt der Verdrängung die Maske ab. Damit drücken Verse im Grunde immer auch einige Facetten der Persönlichkeit aus. Lyrik und Psychologie verbinde ich zu einem Strauß Persönlichkeitscoaching. Die Gedichte öffnen einen kleinen Türspalt der Besenkammer der Seele und werfen etwas Licht auf das Weggesperrte. Seit 2013 schmücke ich meine persönlichen Ruhezeiten ziemlich oft mit Versen. Mal folgen sie thematischen Reflexionen und mal umgekehrt. Die Gedichte in diesem Buch resultieren überwiegend aus diesen Besprechungen mit mir selbst.

1.2 Der Mensch, das Maß der Vielfalt

Rund 170 Gedichte aus dem Alltag und als Interpretationshilfe dafür, die vielfältigen Optionen, Verhaltensweisen, Überzeugungen und versteckten Motive von Menschen zu verstehen und einzuordnen. Einzuordnen in die Welt von Beweggründen und Eigenheiten des „Mängelwesens" Mensch.

Mängelwesen nicht im biologisch-anthropologischen Sinne Gehlens als nachrangige Spezies unter den Lebewesen, sondern als psychologisches Konstrukt, das ihn irren, korrigieren, rational und zugleich irrational handeln und letztlich in seiner eigenen Wahrheit bestehen lässt. Dass diese Wahrheit nicht immer angemessen, oft gar töricht und gefährlich sein kann, ist die logische Konsequenz daraus.

1.3 Lyrik als Brücke zum Verstehen

Die Kunstform der Lyrik schafft die Möglichkeit, das „Dahinterliegende" im Verhalten zu erahnen – oder den Menschen in seiner doppelten Vielfalt zu verstehen, nämlich phänotypisch und psychologisch. Wie er also einerseits faktisch von außen betrachtet wahrnehmbar und wie er andererseits in seinem Inneren vermutlich gestrickt ist.

Damit öffnen sich beim Betrachten und Interpretieren von Verhalten beliebig wechselbare Perspektiven, die die persönliche Auslegung der Gedichte verkörpern.

Diese Form der Lyrik, gelegentlich auch Gebrauchslyrik genannt, übersetzt reale Anlässe ohne Umschweife in bewertende Aussagen. Damit bieten sie einen unmittelbaren Gebrauch und Nutzen für die Rezipienten. Sie folgen einer Sachlichkeit wie man sie schon von Ringelnatz, Kästner oder Brecht kennt.

Um nicht den Eindruck zu erwecken, in die Nähe der Wort- und Dichtkunst dieser Meister der Deutschen Literatur geraten zu wollen, versuche ich es erst gar nicht, poetische Punktlandungen ohne allegorische Umwege zu schaffen. Mein Schreibstil ist eher szenisch illustrierend als faktisch pointiert. Die bildhafte und über den Wortsinn hinausgehende Bedeutung verziert die direkte Aussage und trägt dazu bei, die Deutungshoheit bei Ihnen zu belassen.

1.4 Geschichten zum freien Gebrauch

Den Gedichten unterlege ich den Sinn des Lebens wie er mir erscheint. So beschreiben sie eine Spielwiese der persönlichen Betroffenheit: ohne Gefühle zu verletzen, Nonsens im Wortspiel zu genießen und Sinnlichkeit oder Exzess schamfrei auszuleben. Ihnen, liebe Leserinnen und Leser, überlasse ich es, sie in Ihr Verständnis zu übersetzen und aus der Vielfalt der möglichen Sichtweisen Ihre und nicht meine als relevant zu betrachten.

Schon während meines Psychologiestudiums und später in der Hochschullehre und psychologischen Praxis, war es mir eine Herzensangelegenheit, über Erzählungen Komplexität zu reduzieren beziehungsweise sie verstehbar zu machen. Der Olymp der Komplexität ist der Mensch – in seiner Maskerade und in seiner realen Liebenswürdigkeit.

Erzählungen bzw. Narrative verschaffen dem vielfältigen, gelegentlich wirren und irgendwie doch strukturierten Dasein Form und Idee. Sie rücken den großen Überbau eines Lebens in Gemeinschaft aus der philosophischen Betrachtung in die Niederungen des praktischen Alltags. Das zumindest ist mein Wunsch und mir scheint, Lyrik und Psychologie erleichtern mir dieses Unterfangen.

So liegen allen lyrisch beschriebenen Geschichten reale Begegnungen mit mir – als Coach oder Privatperson – vertrauten Menschen, meine ureigenste Haltung zur Spezies Mensch als soziales Wesen oder meine direkte Betroffenheit zugrunde. Mal werden Appelle hörbar, mal Glaubenssätze, mal wird es sarkastisch und mal träumerisch und gelegentlich bitterböse. Jeder Reim ist aber ehrlich und jedes meiner Gedichte hat eine Entsprechung in meinem beruflichen oder privaten Leben.

1.5 Der Vorhang zieht auf

Sie, liebe Leserinnen und Leser, nehmen gewissermaßen Teil an meinem Leben.

Die gereimten Erzählungen handeln von Gebrochenen und Diskriminierten, von Egomanen und Potentaten, von Wahrhaftigkeit und eitler Gefallsucht, von Einfalt und Vielfalt, von Spaß am Reim, von Griesgramen und dem Lebensende.

Sie werden erleben, Lyrik lässt Individualität zu und schmerzfrei weit die Seele öffnen, ohne sich zur Schau zu stellen oder Grenzen zu verletzen.

Sie werden sich nun fragen: Können Gedichte psychologisch die Welt erklären und sollten dafür nicht eher Lehrbücher herhalten? Ja, zur Lehre gibt es die

Wissenschaft und ihre Schriften! Gedichte regen aber den Geist an, hinter die Worte zu schauen und so einen kleinen Teil des Menschseins besser zu verstehen, zu erklären und vielleicht bei sich zu erkennen. Dafür möchte ich Ihnen ein Feld zum semantischen Experimentieren schaffen.

Tauchen Sie ein in das Spiel mit den Worten und lassen Sie Ihrem Sentiment freien Lauf auf der Reise durch das Abenteuerland Mensch.

Fragen Sie sich zum Beispiel: „Was teile ich von dem Textinhalt und was nicht?“ Aufbauend darauf könnten Sie weiter reflektieren, warum sie so oder eben anders den Text verstehen. Mit „Was wären alternative Sichtweisen?“ würden Sie dann Ihre Gedanken und ersten Antworten inhaltlich ausweiten oder vertiefen. Was auch immer Sie für Fragen stellen: sie passen!

Im Grunde können Sie den Text auch aus den verschiedensten Perspektiven betrachten: aus der eigenen, aus der einer vertrauten Person oder auch reflektieren, was von mir, dem Autor, darin erkennbar wird. Weil die Ergebnisse des Nachsinnens von Ihrer Art zu denken und zu fühlen beeinflusst werden, erfahren Sie dabei auch etwas über sich – vielleicht sogar etwas, was sie so noch gar nicht gesehen haben.

Viel Spaß beim Entdecken!

Walter Braun

Weyher, Frühjahr in der Südpfalz 2023

2 Gedichte im Überblick

3. Gedichte von A-Z

Abgang

Ich fahr' schonmal heimwärts, du bleibst noch im Licht,
Folge später und, bitte, verzage nicht!

Abschied vom Captain

Leb' wohl und bleib dir treu, du wackerer Gefährte,
Der letzte Gruß gilt dir von dieser Erde!

Du sehnendes Wesen nach lautem und leisem Glück, du flitzt nicht mehr!
Du wechselst in irdische Seelen und trocknest der Liebenden Tränenmeer.

Vorbei ist dein Drängen nach Bewegung und Gang,
Dein fröhliches Schubsen – vor keiner Tour war dir bang.

Du bindest zusammen manch Seelenriss.
Gibst Zukunft und Ordnung, unserem Leben trauten Biss.

Du Beispiel für fröhliche Neugier und vorbehaltloses Sein,
Wirst uns immer die Agenda zum freundlichen Leben sein!

Duldsam und fordernd ohne Arg und List
Gehst du hinaus in die Welt, die auch unsere ist.

Kein Weg ist dir fremd, nicht beschwerlich noch weit.
Die pochende Lust geschuldet innigster Dreieinigkeit.

Ein festes Band hast du zur Troika gefügt.
Eine ferne Macht hat nun gesagt: Es genügt!

Du munteres Kerlchen mit Namen so viel,
Hab Dank für 16 Jahre gemeinsames Spiel!

Abschied

Liebe Freunde, es ist nun Zeit zu schweigen,
Zu bilden einen letzten, berauschenden Reigen,
Der euch und mir erspart beredtes Schwurbeln,
Um Geist und Seele anzukurbeln.

Bleibt treu eurem klaren Verstand,
Der abwendet manch verhuschten Sinnesstand.
Freut euch, dass ich Teil von euch gewesen
Und weiter lebe in euch vertrauten Wesen.

Ich heb' das Glas mit vollem, gurgelndem Klang
Und bin froh, dass mein Leben gelegentlich gelang.
Die glatten und tumben Wahrheitsverkünder
Waren mir Graus und diarrhöische Münder.

Bleibt treu dem einfachen, klaren Klang
Und folgt eurem stummen Gesang.
Der wird euch heben Herz und Verstand,
Fidel und flink brechen Dummheit und Tand,
Halten die Spur ziel- und wesenstreu
Und zudem die Leidenschaft ohne Reu'.

Abschlussfete

Vielleicht fröstelts in der grusligen Gruft,
Bei der Melodie des Lebens Auf und Ab.
Das Pumpen und Saugen saturierter Luft
Erwärmen selbst der kältesten Kälte Grab.

Kommt dazu der eine oder andere Schoppen,
Zwölfgängiges Mahl und lustige Rund',
Das wird im Lausekalten da unten nichts toppen,
Kein Strafgericht und auch kein Höllenschlund.

Achtgeben

Habe die Ehre, es war schön und auch genug!
Die Zeit ist jetzt bei Euch, Ihr seid am Zug!
Ich habe mein Leben mit euch achtsam verbracht.
Ab jetzt gebt gefälligst selbst auf euch acht.

Ade

So, Kombattanten, ich habe es geschafft.
Euch hat die Sense noch nicht dahingerafft.

Bleibt fröhlich bis ewige Stille in das Leben kommt.
Wir sehen uns in jener Zukunft, die uns alle frommt.

Adieu

Der letzte Tag, der letzte Lauf.
Genuss im Jetzt, ich gebe nicht auf!
Der letzte Plan, die letzte Idee.
Unvollendet und das tut weh!

Nimm Absicht daher mit ins Älterwerden:
Erfüllung kommt noch vor dem Sterben.
Damit 's gelingt, streb' im Jetzt nach 'm Tun,
So kommt dein lüsterner Puls zum Ruhen.

Dito morgen promenierst du noch recht geliebt,
Auch wenn es dich dann längst nicht mehr gibt.
Okkult wirst du im Hier nicht sein,
Aber hell wie der Kiesel im Bachgestein.

In diesem Sinn sag ich adieu, lebt wohl
und ohne Sorgen,
Im Herzen froh und von fernen Mächten
fürsorglich geborgen.

Ähren

Woran bin ich, woran werde ich scheitern?
Solche Fragen können rundum begeistern.

Indes nur den, der sich in Frage stellt
Und dunkle Lebenslügen gütig erhellt.

Infolge wird er das Nirwana des Idealen klären
Und züchten widerständige, stärkende Ähren.

Aus denen schließlich und endlich
Entflammt das unverkennbare Ich.

Mit dem wiederum die Mitwelt fertig werden muss,
Soll gelingen ein doppelt gemeinsamer Genuss.

Alter Ego

Such ich Bereicherung oder bin ich am Gedanken interessiert,
Der zur Intellektualität verführt?

Auf Kosten etwa von stillen, schöpferischen Juwelen,
Deren Talente und Schliff bescheiden nur schwelen?

Gewiss, wahrhafte Substanz kommt auch stumm daher,
droht dabei aber zu verlieren ihr potenzielles Begehr!

Bleibt noch zu erwähnen: Geistige Bereicherung
Schlägt der Gedanken pure Beweihräucherung!

Alterstaktik

Oder wie man dem Schwund beikommt

Im Alter mögen schwinden Legionen von Optionen,
Doch reifen auch der Weisheit zugeordnete Bastionen.
Ersteres als Folge oft morbider Resilienz,

Letzteres Ergebnis refraktärer Resistenz.

Willst du also eine scharfe Klinge schlagen,
Halt‘ dich fern von dräuenden Plagen,
Wähl‘ den Hammer, verbann‘ den Ambos
Und leg energisch im Verbunde los.

Auch die Technik kann für dich kämpfen
Und körperliches Manko dämpfen.
Pülverchen, Pillen und Salben
Dich stramm auf Kurs dann halten.

Bist du derart dann gut aufgestellt und so,
wird der Methusalem in dir noch sinnenfroh,
lässt dich nicht zippeln oder wanken
und weist gar Jungspunde in Schranken.

Ambivalenz

Ich bin nicht sicher, ob ich gewinn‘ oder verlier‘
Das lustvolle Jetzt und Hier,
Wenn zu oft ich frage nach Moral und Disziplin.
Denn stante pede folgt ratzfatz der menschliche Ruin.

Was soll auch ein Leben ohne Nervenkitzel,
Enthusiasmus oder fettes Schweineschnitzel?!

Was tun also kleiner Nikomachos,
Apollon oder Bacchus?
Hoch oben röhrt ein donnerndes „Sowohl-als-auch,
Sonst bleibt zurück nur Schall und Rauch.“

Anfang und Ende

Heut‘ komm ich zurück, wo ich vor Dekaden bin gewesen
Und eine Hand mich hielt geborgen als winziges Wesen.

Sie wärmte damals meinen Lebensplan,
dem ich vertrauend heut‘ noch zugetan
als Nickel und Allmend,
im Wald und auf der Weyherer Blenk.

Aktuell sorgt er für ‘nen lauschigen Tag
Als Partitur für den finalen Schlag.

Anna

Auch mit noch so vielen Lenzen,
Anna geht an ihre Grenzen,
hält das Umfeld stets auf Trab,
rückt von ihrer Warte kaum mal ab.

Was dabei sie hat mit Verve geschafft,
lässt die Möchtegerns zurück recht baff.
Ob Loch im Kopp, Orthese oder Gezeter,
Nix versalzte ihr die Lebensmeter.

Hat gar ein Hoidl von der Bornegässler Alm
Sie gebracht mal auf die Oberpfäzer Palm,
hat sie kurzerhand den Spieß gedreht
und ihm ein „Houst mi!“ ins Gemüt geweht.

Vor Kopfgewitter schützt sie sich wohl
Mit ihrer genuinen Neuro - Firewall.
Die lässt nur das hindurch, was ihr taugt
und stramm ihr ehernes Gemüt ausbaut.

Geht rasant voran jetzt auch die Zeit,
halt gut mit, Laudierte, sei bereit,
weiter deine Grenzen auszuloten
und Menetekel tapfer auszubooten.

Trink einen Schluck beflügelndes Elixier,

ein Pfiffchen Wein und zwischendurch ein Bier.

Lass andre sich das Maul zerreißen,
sind ja oft nur narrisch dumme Geißen.

Ein Unikat, was du bisher gewesen bist,
beharrlich, nervig, ohne Arg und Hinterlist.
Jetzt darfst mutig auch neue Sichten wagen,
wenn sie schlau dich durch das Leben tragen.

Wenn Pilze rufen sehnend „Auf zum Wald“
und der Herbst die schönsten Farben malt,
duldest du kein Bremsen und Verweilen,
alle müssen zu den Wanderschuhen eilen.

Farbenfroh scheint das Novemberlicht,
verzaubert lächelnd der Befohlenen Gesicht.
Von der Last des Alltags die Gejochten nun befreit,
tankt auch deren Seele nur noch Lust und Heiterkeit.

So wohl auch im November vor sieben Dekaden
hast du als Purzel aufgemischt den Laden.
Hast als „Hex“ die Welt gesucht und freie Bahn,
Kein Gedöns geduldet und auch kein Genderwahn.

Mach‘s weiter taff und widerborstig gut,
füll den Köcher mit Tatendrang und viel Mut.
Dann ist die Zahl der Jahre nicht so wichtig,
denn Hauptsache, du lebst richtig richtig.

Antagonie

Leben im zerrissenen und heilen Jetzt
Ist nur temporär verletzt.

Leben in Zuneigung und Verneinung
Gebiert sichere, unikate Meinung.

Über sich und den begehrten Andern,
Mit dem man endlos Meilen kann erwandern:

Zu den Feldern des starken Zweifels,
Zu den Verlockungen des Teufels,
Ohne zu schaden Glauben und Werten.
Ziehend zum ewig Bewährten,
Zu Zuversicht, Überzeugung und Hoffnung,
Zur letzten oft verdrängten Ahnung.

Begrenzt und doch offen im Widerspruch
Füllen sie Fröhlichkeit ins Lebensbuch.

Auf ewig jung

Blank poliert und ohne Haare
Kommt der Schädel in die Jahre.
Manchmal gar von Tatendrang besessen
Hat mannhaft er die Kondition vergessen,
Die nötig um zu reüssieren
Und Anerkennung zu gerieren.

Jugendlich und schrill im Outfit
Triezt er Haut und Hahnenritt.
Selbstentrückt so gockelt weiter er,
Riskiert ganz flockig Ruhm und Ehr.

Falten, Lidschlupf, Plauze, Rheuma, Prostata
Verhunzen stoisch ihm sein lautes Trallala.
Die ganze Welt weiß offenbar Bescheid,
Nur er sieht nicht sein Drachenkleid.

Befremdlich schaut auch drein die Angetraute,
Sieht Tag und Nacht zunehmend Flaute.
Nichts will dem Schätzchen mehr gelingen,
Nicht einmal ins Bettchen springen
oder mit den Kurzen ringen.

Auch Anverwandte peinlich sind berührt.
Doch den Zeitgeist drischt er weiter ungerührt.
Pompös entfremdet von demselben
Gleicht er eher frisch geworfenen Welpen:
Niedlich, mopsig und zum Knuddeln,
Anklang nur jedoch im Muddeln.

Ja, so hat halt alles seine Zeit,
Nur Clowns gehören zur Alltäglichkeit.

Auftrag

Nun gut, ihr wartet ja nur darauf,
Dass ich mit allem Fremdem rauf.
Dass ich Partei ergreife, streite
Und keine toten Pferde reite.

Drum lasst mich den Händel schnell zu Ende bringen,
Damit es nach dem Tort wird rasch gelingen,
Mit Schrägen, Verlorenen und Raren
Zu formen auf Einspruch gebürstete Scharen.

Aufwachen

Der Mensch an sich lebt ungefähr
Und das macht ihm das Leben schwer.

Hätte er widerborstig Kanten und Ecken,
Bräuchte er nicht den Kopf in den Sand zu stecken.

Er lief voran der einfältigen, meinungslosen Meute
Und würde zum Benchmark der allermeisten Leute.

Doch bis er aufgewacht aus Traum und Lethargie,
Klaut ihm ein Gewiefterer die goldene Strategie.

Ausbrechen

Immer wieder hab‘ ich mich gefragt,
Wer heutzutage es noch wagt,
Der Gewohnheit Stirn zu bieten,
Zu annoncieren unsägliche Nieten.

Kaum einer der vorgestrig Tradierten
Gesellt sich zu mutig Alliierten.

Derer, die die Ordnung alter Riten
Belassen bei Gauklern und Druiden,
Dekrete kippen in den Orkus der Vergesslichkeit
Und Trotzburgen bauen aus Wagemut und Wahrhaftigkeit.

Mit strotzend ungebrochenem Mut
Formen sie für immer und ewig gemeißeltes Gut.

Das lässt kindlichem Gemüt viel Raum,
In dem heranwächst ohne Zaun
‘Ne neue Spezies von Selbstbestimmten,
Die sich auch im Unbestimmten finden.

Ausbremsen

Wenn Sinne durch Gewitter finstere Wolken
Verirren sich im Dunst des Wahns,
Dann sollten höherer Mächte Sorgen
Ausbremsen des Narzissten Gockelhahns.

Ausweitung

Langer Tage flüchtige Begegnungen
Zappeln im Kabuff flüchtiger Regungen.

Wäre bei manchen bemerkt ihr weisender Sinn,
Sie könnten hinterlassen erstaunlichen Gewinn!

Wir deuten schnell ohne weiter zu denken
Und lassen vom Glanz der Worte uns lenken.

Des Herzens kryptisch bebilderte Sprache
Bleibt verborgen hektischem Gemache.

Meide das Begrenzen auf Hier und Jetzt
Und denk in die Weite, die nur du dir setzt!

Backstage (Martins Schicksal)

Manchmal läuft's im Privaten und Beruf so richtig rund.
Man spürt den Liebreiz des Erfolgs, tut ihn gern auch kund.

So auch bei Martin mit den dünnen Knien
Schien das Übermaß jenseitig ihm verliehen.

Selbstzufrieden zeigt er Villa, Cessna und den Benz,
Lobpreist Fleiß, Geschick und Kompetenz.

Kriegt reichlich Bauch und Seele sanft gepinselt,
dass selbst sein Hündchen jault und winselt.

Kritik und Demut liegen fern,
alle schließlich haben ihn ja gern.

Derart gestärkt von dem Gejohle
Gratuliert er täglich sich zum eigenen Wohle.

Streicht aus dem Wortschatz Glück, Zufall
und auch Transgender,
Lebt lyrisch fast bewundert als potenter Spender.

Den Dauergast des Boulevards sucht heim jedoch
der Transen Schicksal.
Denn Diffamie und Schmähung brechen ihn dorsal.

Nach und nach verliert er alles Gut,
Prestige, Reichtum und letztlich auch den Mut.

Krank am Beutel und in der Seele
Sitzt er gebeugt mit leeren Augen an der Theke und spielt
teilnahmslos die alte Ukulele.

Ab und zu lädt zum letzten Drink ihn jemand ein,
Danach schlurft traurig er zurück ins Obdachlosenheim.

Gelegentlich sieht man ihn am Häusereck
Im Schneidersitz und Straßendreck.

Mitleidig fällt mal ein Groschen
Ins Körbchen an seinen Galoschen.

Mehrheitlich herrscht Teilnahmslosigkeit
Und schuldzuweisend Unbarmherzigkeit.

Ja, den ehedem Gehuldigten
Bestraft die Mehrheit als Beschuldigten

Mit Abneigung und frei von Kenntnis
Seiner Geschichte trauriger Bewandtnis.

So strickt jeder seine konsistente Welt,
In der Normbrechendes nur ganz wenigen gefällt.

Bevor du also urteilst und Achtlosigkeit verteilst,
Bedenke, dass auch du nicht nur im Glück verweilst.

Balladen der Psyche

Gibt das Leben viel dem, der gibt,
Hat der, der gibt, den anderen lieb?

Wenn wir glauben an Holzschnitt, dann Ja!
Wenn wir durchdringen das ambivalente Sein,
Dann lautstark und nachhaltig Nein!

Doch Balladen der Psyche rufen Jahr für Jahr:
Kehr' um den verlässlichen Reim:
Wer gibt, dem wird gegeben,
Wer nimmt, dem bleibt der Banker Segen.

Wer gibt, dem wird Liebe gewähren
Fruchtbaren Boden mit goldenen Ähren.

Bedingungen

Ventrales, frugales Genießen
Lässt Leib und Seele sprießen.

Mopsfidel getaktetes Gebaren
Inkorporiert vitale Waren.

Doch Geist und Reflexion erst bedingen
Von Weisheit beflügelndes Gelingen.

Befugnis

Wer mir auch nur ein bisschen wohl und
gut gesonnen,
Der gibt es mir anheim, zu ahnen, ob mein
Ich geronnen,
Vielleicht erst auch richtig ist am Werden,
Oder die Stärke hat von zwölf Pferden.

Meinetwegen nennt's auch „total versaut".
Jedenfalls ist es auf Wert gebaut.
Drum geht den Dritten nur das an,
Was ihm mein Ich hat angetan.

Die Interpretation desselben
Überlass‘ ich ungern Menschenwelpen.

Berauschtheit

Wenn Hirn und Seele langsam vernebeln,
Entfleuchen geheimste Wünsche den Knebeln.

Geknotet die von steif gezwirnten Traditionen.
Doch Dionysos setzt frei die Kraft von Legionen.

Zeigt Rot den aus der Zeit gefallenen Ritualen,
befreit das Denken von Zwang und Qualen.

So ist Berauschtheit die belebend frische Kraft,
von der man nimmer wird dahingerafft.

Putschisten gleich kämpft sie mit Verve
Und raubt Tabus den allerletzten Nerv.

Indes verschafft sie mit Bravour
Dem Fortschritt die Erholungskur.

Besinnung

Siehe wir streiten und keifen,
Bis wir beide verzweifeln.

Indes, es bleibt uns vorbehalten,
Bevor in verstaubten Galerien wir veralten,

Uns zu gesellen und zu versuchen,
Einmal unser Inneres zu besuchen.

Zu erlangen Einsicht und Verstehen,
Um zufrieden einen letzten Weg zu gehen.

Der wird im Schicksal uns vereinen,
Kein Mensch ihn kann verneinen.

Er ist des Lebens letzte Bahn.
Er stimmt uns milde an und zahm.

Er führt final zum Licht
Und gibt viel Zuversicht.

So lass das Leben einfach klingen
Und vorbehaltlos uns gelingen!

Braunsche Brauchtumshymne

(Weyherer Bänkelballade)

Die Drei aus fernem Heihau, die laben sich am Wald.
Ja, das ist deren Brauchtum gepflegt schon ganz uralt.
Sie suchen sich das Bänkel und schauen in die Fern,
Sie nehmen dort 'ne Auszeit vom Lärm der Welt so gern.

Ja, das ist das Glück, Glück, Glück, der Dreien Glück.
Sie pflegen 's Brauchtum und sind dabei entzückt.

Ja, auf dem Berg der Blätter, dort wo das Herz erwacht.
Da sonnenbaden Echslein, man sieht der Felder Pracht.
Und spürt beim stillen Ruhen der Sonne Zaubermacht.
Das Leben kann so schön sein, wenn wir drauf geben Acht.

Ja, das ist das Glück, Glück, Glück, der Dreien Glück.
Sie sammeln Pilze und sind dabei entzückt.

Am Abend zieht sie's heimwärts, hinab ins Pfälzer Land.
Dort lieget in der Borngass der Seele Badestrand.
Und wohl dort angekommen, geht selig noch der Blick
Zu Bäumen, Sträuchern, Feldern, zum Bänkel hoch zurück.

Ja, das ist das Glück, Glück, Glück, der Dreien Glück.
Sie ernten Früchte und sind dabei entzückt.

Ja, in dem Braunschen Hause, wird manche Nacht
zum Tag,
Wenn alle sitzen fröhlich beim Wein, den jeder mag.
Da wird geredd, gebabbelt, dass sich die Balken biegen
Und nach heißem Disputandum alle in den Armen liegen.

Ja, das ist das Glück, Glück, Glück, der Dreien Glück.
Sie suchen Keschde und sind dabei entzückt.

Ja, dieses alt‘ Gemäuer, hier zwischen Berg und Tal.
Ja, das ist unser Ursprung, des Lebens Muttermal.
Die Wurzeln schlagen tief und trotzen manchem Sturm,
Sie gründen in der Seele der ewigen Liebe Turm.

Ja, das ist das Glück, Glück, Glück, der Dreien Glück.
Sie leben ferschtlich und sind dabei entzückt.

Für wahr, so ist die Heimat in unsrem Herz gebunden.
Wir tauschen Heihau gerne mit Weyherer letzten Runden.
So nehmen wir die Richtung, die Gott uns angewiesen.
Mag jeder, der uns nachfolgt, das Brauchtum voll genießen.

Ja, das ist das Glück, Glück, Glück, der Nachfolger Glück.
Auch sie pflegen Brauchtum und sind dabei entzückt.

(Gesang nach der Melodie: „Pfälzer Wind“)

Buckliges

Leute lasst nicht reuig sein das Heute,
Lebt im Jetzt und erobert der Herzen Beute.

Gönnt Widerspruch, dass er sich nicht geniert,
Hegt ein Sein, das über den Zweifel euch regiert.

Bleibt der, der am Common Sense sich reibt.
Seid einfach im Tun und im Denken gescheit.
Strebt zum Zerrissenen, das beim Kitten bebt
Und beschert Kreation, die euch weit überlebt.

Conny & Maik

Ihr kennt die Geschichte von Bonny & Clyde,
Von ihrem Leben und ihrem Leid.
Doch diese Geschichte, die kennt ihr noch nicht,
Weil sie grad erst entstanden ist.

Conny & Maik wie Bonny & Clyde.

Sie erkannten den anderen unmittelbar
Der Tag lag im Dunkel, doch jetzt war klar.
Es sprühten die Funken im Hellen der Zeit,
Die Mauer im Herzen riss ein und ward weit.

Conny & Maik wie Bonny & Clyde.

Auf der Suche nach Leben, nach Licht und nach Sinn
Zogen sie los, ohne zu wissen wohin.
Herausgefallen aus der Zeit.
Conny & Maik auf ewig zu zweit.
(aus Nord bei Nordwest, 2021)

Contra

Jetzt darf es bunter werden im Geist und im Gemunkel,
Da nur Farben bestimmen das Erkennen im Dunkel.

Aufbegehren in warmen oder kalten Tagen,
Vertreibt einfältiges Folgen mehrheitstrunkenen Plagen,
Deren Geplapper uns zwar peripher erreicht,

Aber zum zentralen Verstehen kaum reicht.
So sollten Chöre politisch korrekter Verlautbarung
Uns provozieren zur anarchen Erwiderung.

Daheim oder Zuhause

Zu Hause sein erlaubt ein flüchtiges Du,
Daheim sein schenkt der Seele Ruh.

Beliebig das Heim von Ort und Zeit,
Identität keimt aus Zugehörigkeit.

Aus der erblühen Idiom und stabiler Wert,
Die im Herzen verankern ein fröhliches Schwert.

Das haut in die Kerbe von Wunsch und Sein
Und trennt gesundes vom morschen Gebein.

Es verteidigt den Recken mit Verve
Und kappt der Schädlinge Nerv.

Dank

So rinnen Jahre, Tage, Stunden
Und reißen nicht mal tiefe Wunden.

Dank gilt dem, der von wo auch immer lenkt,
Der Tränen trocknet und den Schmerz einrenkt.

Der dem Leben verleiht Sinn und Kraft
Und Verzagtheit neuen Trieb verschafft.

Danke dem, der es kommentarlos versteht,
Dass Hoppeditz nur als Facette in uns lebt.

Das Wesen von Sinn

Auf der steten Suche nach Glück und Sinn
Verliert sich der Mensch im schnellen Gewinn.

Außer sich vor Drang nach rasender Lust
Endet jede Erfüllung indes nur im Frust.

Aus gelegentlicher Suche wird grenzenlose Manie
Und schwächer die feuerentfachende Energie.

Irgendwann reift dann das Erkennen,
Glück und Sinn lassen sich nicht ernennen.

Sie springen aus der Seele ins Rampenlicht,
wenn das Objekt das Bedürfnis anspricht.

Der Augenblick dieses flüchtigen Moments offenbart:
Tiefe Empfindung ist mit Erhabenheit verpaart.

Sinn, Glück und Zufriedenheit sind nie Ziel;
Sie tröpfeln aus der innersten Motive Spiel.

Deduktion

Erlischt die Glut, fehlt befeuernder Mut.

Tarnt dunkle Nacht, entfalten Geister Macht.

Kommt Lust, weicht nagender Frust.

Gelingt Idee, tut Scheitern nicht weh.

Vertrauen wird Despoten den Arsch verhauen.

Lebt Achtsamkeit, reicht Leben in die Ewigkeit.

Quietschvergnügter Geist, trüber Sinn auf ewig verwaist.

Lodert Feuer oder nicht, ein edler Gedanke kaum bricht.

Kalte Glut nimmt definitiv jeden Mut.

Leuchtet des Feuers Licht, es schadet nicht.

Dekor

Eigentlich weiß ich nicht, wieso und warum
Mich anspricht das oszillierende Drumherum.

Doch blick ich hinab in die vielfältige Seele,
Verzieren Pro- und Epiloge Stele um Stele.

Das formende Kunterbunt des alten Gesteins
Zeigt mir das Muster des waschechten Seins.

Der goldene Weg

Breite deine großen Schwingen aus,
Nimm auf mich in dein goldenes Haus.
Lass feiern mich des Daseins Lust
Und widerständig tilgen den Frust.

Wer transzendent sich anvertraut,
Dem wird ein Haus mit festen Zinnen erbaut.
Ein Haus mit Räumen lauter Geselligkeit,
Mit Bildern für die Lustbarkeit.

Ein Haus mit Räumen fürs rebellische Ich,
Mit kleinen Fesseln nur gelegentlich.
Ein Haus mit Räumen fürs Gerümpel,
Mit spitzen Hacken andrer Leute Dünkel.

So bewahrt spirituelle Macht

Die Stille einer ewigen Nacht –
Und mich vor vielem Verbiegen,
Um in Sicherheit mich fortan zu wiegen.

Der kreative Außenseiter

Er war lange Nachbar, steter Treiber, oft auch Ignorant,
Mit dem ich Geist, Konzept und oft Aktion verband.

Geschätzt von manchen, doch verspottet von vielen,
denn Fremdes im Dorf stört das Miteinanderspielen.

Besessen von kühnen Ideen, die die Almende ausfüllen,
Die explodieren in farbigen Formen und seinen Traum
nach Geltung erfüllen.

Er war der, der Impulse setzte
Und suchte das erfüllend Letzte.
Dazugehören und keinen Deut weniger
Signierten ihn schier wie einen Kleriker.

Heimat und nicht 'aus', nein 'von' hier zu sein,
trieb sein Streben,
Sein Letztes für sein suchendes Ego zu geben.

Einer von denen zu sein, die Sichtbares schaffen,
Ließ ihn trotz Resignation nicht erschlaffen.

Bemüht um Renommee und Respekt gleichermaßen,
Sehnt' es ihn nach Heimat, wenn wir zusammensaßen.
Doch Kartenhaus gleich zerbricht das zehrende Ziel,
Wie im Coffin Corner führt ein kleiner Akzident zum Zuviel.

Doch Aufstehen ist der Code des beharrlichen Alten,
Den manche für einen Schwätzer halten;

Andere den Suchenden nannten
Und viel Neues in ihm erkannten:

Gestalten und nicht wohlfeil warten.
Sich stellen und nicht nach zu karten.

Verantwortung für sich tragen
Und proaktives Beispiel wagen.

Beim Fallen Haltung bewahren
Und durchs Aufstehen Klugheit erfahren.

Das ist das, was den grauen Nachbar meißelte,
Wofür ihn der Tuschler deftig geißelte.

Der Nachdenkliche gerne dankte
Und trotz berechtigter Kritik nicht wankte.

Der Mensch

Wer wars nochmal, den wir vor langer Zeit mal trafen
An Orten, wo wir Lust und Zeit zusammenwarfen,
Wo Glück am Abend im Gespräch und auch sonst gelang,
Wo des Lebens Vielfalt uns Demut vorm Gelingen abrang?

Ja, es war der Trinker, der im Jetzt Zerbrochene,
der uns abends huldigte,
Der genoss unseres Atems Nähe und sich für seine Ruinen im Leben entschuldigte,
Der stumm ertrug sein vergebliches Bemühen um Zuordnung und Halt.
Wie heißt er noch, der Zerbrochene, der Suchende, der mit dem Schalk,
Der sein bester Freund er selbst gewesen im Glase und im Fremden,
Dem wir abends gerne Ohr und Zuneigung schenkten?

Ja, es war der Trinker, dessen Wunsch und Sein wohl waren nicht ganz rund.
Auch wenn sein Name unbekannt, er berührend klar gibt den Befund.

Seine Manier schlägt uns die Brücke der blass erinnerten Vergangenheit
Zur temporär verlorenen Begebenheit.

War's Schneider oder Ebner? War's vielleicht doch der Jensch?
Egal, es war der, der uns bleibt ein liebenswert fragiler Mensch!

Disruption

Wir sind nicht geboren, um fügsam Last zu tragen,
Vielmehr um eigene und fremde Wege zu wagen.

Geübte Vertrautheit disruptiert das rebellisch Neue,
Das entfesselt kühne Tat ohne bemühte Reue.

Hibbelige Wellen kräuseln zum rauschenden Strom des autonomen Lebens,
Auf dem wir rudern mit dem Wunsch des Erlebens
Diabolisch verlockender Optionen
Und zu lichten Arcanums kreative Bastionen.

Dope im Tarnanzug

Eine Prise aufs grüne Gemüse
In der klandestinen Kombüse
Belebt Geist und Gaumen
Und lässt alle raunen:
„Gehäckseltes Gras
Gibt unauffällig Gas."

Dorfidylle und Vetterlesgeschäfte

Im Dorf und ländlichen Raum
Parkt Fortschritt hinterm Gatter und Zaun.
Geplauzte Herren gewohnt ohne Widerspruch
anderer zu handeln,
Finden viele Gründe, die ’s Dorf auf lange Sicht
erst richtig verschandeln.

Sie bleiben nämlich beim vertrauten Alten
Und möchten dies bewahrend nur verwalten.
Auf der Strecke bleiben pfiffig moderne Ideen
Zu Gunsten tümelnder Heimatmuseen.

Nicht immer, denn just, wenn der Profit winkt,
Haben die Plauzen sich eingeklinkt,
In die Schar der schon immer Überzeugten,
Wo sie sonst fast alles doch verneinten.

Mit Kulleraugen und erhabenem Timbre
Springen zur Seite dem selbstlosen Hombre:
Gattin und Gspusi in trauter Eintracht,
Weil beide belohnt mit genüsslicher Liebespacht.

Fehlt die, wird’s kritisch und heikel,
Weil dann erwacht der spaltende Keitel.
Auch die Gegenseite weiß von dieser Mechanik
Antichambriert mit Charme und exklusiver Botanik.

So strecken die Protagonisten von Für und Wider
Im eigenen Wirrwarr sich nieder.
Am Ende bleibt alles beim Alten.
Mut und Energie verzwergen im Verwalten.

Fortschritt und Zukunft kapitulieren,
wenn verbohrte Paten sie korrumpieren!
Vetterles und Bobbeles als fest Vereinte

Verbeulen Kultur und Wandel der Gemeinde.

Neues wird den Protzen zum Ferrari,
Wenn stimmig ist das mega Diridari.
Dem Fortschritt verbaut der Klüngel so den Weg
Und Zukunft wird zum liederlichen Hurensteg.

Durchreise

Lasst die Flügel schwingen,
Fahren in den grünen Hain!
Leben wird dann dort beginnen,
Wo wir uns von uns befreien
Von den vielen Zwängen
Und orten feingekörntes Sein.

Lasst die Flügel schwingen,
Heben ab vom grünen Hain!
Leben wird dann dort beginnen,
Wo wir uns von uns befreien
Von aufgedrückten Zwängen
Und reisen zum tragenden Sein.

Lasst die Flügel schwingen,
immigrieren in den goldenen Hain!
Leben wird dann dort beginnen,
Wo wir uns von uns befreien
Von ehrlosen, perfiden Zwängen
Und horsten im ad infiniten Heim.

Eidolon

(Trugbild)

Der letzte Dreh, der letzte Kniff
Gelingen meist dem, der trefflich kifft.

Sinne zimmern ihm eine schillernd bunte Welt,
die Opulenz und Wahn in den Kulturgeist stellt.

Klein wird Groß
Und Illusion famos.

So bleibt uns die Erkenntnis nur:
Eidolon und in die Kur.

Ein höllischer Irrtum

oder warum es der Teufel für immer vergeigt hat

Wie wars noch damals in der sternenklaren Nacht,
Als den Königen die Botschaft wurde froh verbracht:
„In Bethlehem im Stalle wohnt von Gott gesandt ein kleiner
Knabe,
Der — in Leinenlumpen winzig — ist Gottes Botschaft
Weitergabe.“?
Hurtig macht sich auf den Weg höchstselbst des Teufels
Wicht,
Umgehend zu prüfen, wie bedrohlich des Ereignisses Gewicht.
Was sieht er mit eitler Präpotenz: schreiend und
verarmt gehüllt,
einen Winzling, der gewiss kein göttlich‘ Ellenmaß erfüllt.

Schnell kehrt er in das Höllenloch zurück,
Beschwichtigt und verkündet mit Hybris und
gleißendem Glück:
„Viecher, alte Zausel und ein kleiner Strampler,
Nix der Rede wert und schon gar kein Menschensammler!“

Zufrieden nimmt‘s der Teufel wahr,
Von Bethlehem droht keinerlei Gefahr.
Sein Geschäft würde weiter schändlich er betreiben
Und sündige Seelen der Glut der Hölle einverleiben.

So ist es, wenn zu oberflächlich wird geschaut
Und äußerlichem Glanz nur wird getraut.
Hochmut kommt bekanntlich vor dem Fall,
Pulverisiert Versuchung und den teuflischen Schall.

Gottes mächtige Idee und wohlgewägte Bilderworte
Brechen Bahn sich in die Herzen, selbst im fernsten Orte,
Halten Menschen ab vom Neid und ihrer Missgunst Leid,
Unieren die gläubigen Seelen von der Erbsünde befreit.

Der Teufel, der tumbe Geselle, nun verbissen und gegrämt,
Ätzt seither im Karzer, ob seines Fehlers beschämt.
Hat seinen Wicht, den doofen, in Tobsucht verheizt;
Doch bis dato ist keinen Deut weniger er gereizt.

Ums Verrecken: Er will’s nicht wahrhaben,
Dass freie Seelen sich an Gottes Worten laben,
Ihm die Macht über ihr Leben nehmen
Und Gottgefälligkeit zum Wohl erheben.

Seither versucht er’s in Mimikry und goldener Monstranz
Mit Versuchung, Bestechung und erzwingender Arroganz.
Nichts an Sünden will nachhaltig gelingen ihm und seinen Vasallen,
Weil das Credo gibt Faszination, Hoffnung, Liebe und Gottgefallen.

Und der Geschichte wahres Quantum:
Prüf das Dahinter, nicht das Tantum!

(Eine Weihnachtsgedicht der Hoffnung, dass der Teufel wohl doch nix zu melden hat. Im Dezember 2021 bei höllischer Corona-Inzidenz)

Elysium
(Paradiesisches Glück)

Was mir lieb, das Wandern, die Berge und die Flur,
Wird bald verblasst sein in der paradiesischen Stille der Weyherer Lehmkultur.

Die Heimstatt tief und kalt,
Der Lebensklang für immer nun verhallt.
Fern das Gewusel und wärmender Klang
Von Worten, Disput und versöhnendem Gesang.

Horizonte nun gesichtet im wägend elysischen Gericht.
Sie zaubern ein zufriedenes Lächeln mir ins Gesicht.

Entgleiten

Wer wird in ferner Zukunft Hauch dem Hause geben,
Dem wir nach langem Ringen unser Leben übergeben?
Sind's Fremde oder aus dem Blut Geronnene,
Die den Rhythmus schlagen und Hymnen preisen aufs Gewonnene?

In Mauern deren Stein beseelt die Tradition,
Die dann zerfällt und alliiert ein anderes Genom?
So lass mich ahnen, lass mich ergründen
Des Zerfalls vorausgeeilte Sünden!

Das Unbedachte und Verdrängte,
Auch das Maskierte und Verhängte
Sedierten das Denken und die Emotion,
Begruben Bedenken und frühe Aktion.

Nicht mit Achtsamkeit hervorgetan
Und naiver Gelassenheit eher zugetan,
Gaben Nahrung dem Entgleiten,
Bahnten den Inhalt von Notarbescheiden.

Sünden ohne Arg und Weh, die Fakten schafften,
Mit denen vorher wir uns kaum befassten.
Jetzt aber bravourös Versäumtes zeigen
Und aus den Steinen nehmen unsern Reigen.

Aufgewacht von diesem Alptraum
Bordiert' ich Zeit und Raum,
Um die Tradition zu retten
Und den Spuk für ewig auszubetten.

Entität

Nur dem, der ausbricht aus der Zelle der Gewissheit,
Wird geschenkt universale Fertigkeit,
Zu befrieden Lab und Schmerz der Individualität
Und gewinnen felsenfeste Entität.

So kehren wir um zum selbstkritischen Sein
Und stellen infrage in Stein gemeißelten Schein,
Der uns zwar beruhigt und ständig bepinselt,
Aber schutzbefohlen kaschierend nur winselt.

Sein oder Nichtsein ist das schmerzende Ergebnis,
Das ein Ego formt zum erfüllend gefühlten Erlebnis.

Erdung

Ich werde ringen um ein ungebundenes Sein,
Leben zu verantworten und dafür haftbar zu sein.

Es sollte gelingen, abzuwerfen den fahlen Schein,
Der nebelt das Leben in Vergänglichkeit ein.

Er imaginiert nur einen polierten Schrein
Und vertreibt die Vernunft aus dem eigenen Heim.

Es sollte gelingen, Sehnsucht und Realität zu einen

Und glücklich sich von Fiktionen abzuleinen.

Es ist gelungen, von den Dächern der Utopie
hinabzusteigen
Und Daseins Sinfonien im weichen As-Dur zu geigen,

Sogar das Heute im Morgen zurecht zu reimen
Und im Grunde nicht wer anders zu scheinen!

Erhabenheit

Was ist des Daseins bezaubernder Klang?
Pulverisieren der Dogmen hohen Rang,
Starke Meinung auch im Widrigen leben
Und liebenswertem Unsinn vergeben.

Wie Ingredienzen von Ouvertüren
Erschallen diese zum Öffnen von Türen
Zu den aktuellen Möglichkeitsräumen
Und zum gemeinsamen Träumen.

Ewigkeit

Nacht wird zum Tag, wenn wir wechseln
die Seiten des Seins.
Lasst Frieden mich finden jenseits
des lauten, irdischen Reims.

Wo Güte und Liebe sind Zutaten des Reinen,
Lasst mich verweilen auf ewigen Steinen!

Famulus

Wer kann mir sagen, das ist gut und das ist schlecht fürs
psychologische Geschlecht?

Wohl keiner, der meint, Denken und Fühlen sind ein leicht durchschaubares Geflecht.
Eher einer, der mit mir geht eine lange Reise,
der schenkt Impulse in oszillierender Weise.

Währenddessen er aufhellt Vernetzung und Dunkel,
und sichtbar macht die Schätze im feuerroten Karfunkel.

Fazilitation

Wieder ist es an der Zeit zu resümieren:
Was gelang und was war weniger zum Amüsieren,
Im Grunde aber Leib und Seele hielt zusammen
Und taugte oft zum Glücksmomente-Sammeln.

Doch was geschieht in tiefer dunkler Nacht,
Wenn der Geist nicht sorgsam mehr darüber wacht,
Was Leib und Seele mag tief verletzt erschüttern
Und deren Rufe Konventionen ungerührt verstecken hinter Gittern?

Nun: Die Macht des Innern schafft sich Raum
Befreiend aufbegehrend als Tabubruchtraum.

Das Morgen dann gestärkt erwacht,
Bereit für Opposition und Schlacht.

Finale

Es eilt die Zeit mir schnell vorbei,
Wo doch mein Leben erst begann.
Gefüllt mit dunklem und auch hellem Eieiei
Das Menschsein an Profil gewann.

Vielleicht war Streben manchmal angesagt.
Auch hat der Müßiggang nicht oft versagt.

Wer Leben will, sollt' beides in sich tragen,
Weil aus der Spannung feste Wurzeln schlagen,
Die einen in sich ruhen lassen,
Toren jedoch Freude und Achtsamkeit erlassen
Und dem gierigen Hetzen, Jagen, Erfolge fressen
Nur „Bedingen und Grimmen“ beibemessen.

In seiner kleinen Welt mag wer sein, wie er will,
Mit leerer Tasche, großer Zahl oder stetem Drill.

Der ird'ne Possenstand lebt nur Vergänglichkeit.
Drum komm' nun stiller Friede, ich bin bereit!

So geh' ich auf gebrochener und gerader Spur.
Und falls sie keiner sieht, solls gut sein mit den
Geschichten nur.

Freiheit

Lust durchströmt den fesselbefreiten Sohn,
Der fern vom Gebot erhält epikureischen Lohn.

Kein öffentlich nötigender Zwang
Bestimmt, wer Ansehen und Prestige errang.

Redlichkeit gewinnendes Befrieden
Lässt Ketzern keinen Raum zum Siegen.
Schenkt Zeit zum Träumen von gönnendem Sein
Und vertreibt Schatten, ja selbst bohrende Pein.

Vorschrift verschwindet im erlaubenden Leben,
Vergilbt vor bedingungslosem Nehmen und Geben.

Vom freien Leben beflügelte weiße Ritter
Lachen und tanzen und löschen Gewitter.

Wärmende Sonnen transformieren Coronen,
Die Revision und Anarchie üppig belohnen.

Freispiel

Liebe wärmt und spendet Energie.
Zwietracht und Ärger vernichten sie.

Wer fällt, wird von ihr aufgefangen
Und an der Hoffnung strebend aufgehangen.

Wer glaubt, der wird im Sturm gehalten
Durch Gottes wunderbares Walten.

Gegen die Einseitigkeit

Was wird sein, wenn
gebrechlich Hirn und Bein,
Starrsinn vernagelt das Heim,
Die Strähne bleich wie fahler Schein
Und Sturheit erschlägt das kollektive Sein?

Vermutlich bleibt alles beim Alten,
Weil Gegenkräfte dann walten!

Dann wird sein, dass
hilfreiche Menschen heilen das Bein,
Diversität schmückt das Heim,
Alternativen erhellen den Schein
Und Interagieren erweitert das Sein!

Drum ruf aus mit fröhlicher Tonalität,
„Debakel erhöhen der Menschen Qualität!"

So wird es finster und auch wieder hell
Und dem Gebeuteltem wächst ein dickes Fell.
Wer hinzu der Wahrheit noch verschafft Pluralität,
Dem ist die Lebensnaht nicht mehr auf Kante genäht.

Geistesverwandtschaft

Weiß und hell sind der Seele künftige Seiten;
Schwarz und dunkel ihre Vergangenheiten.

Sie durchdringen den aktuellen Tag,
Verleihen ihm Rang und nährendes Lab.

Gelingen

Bedenken, Wägen und Ringen,
Gesinnung und Ehre verweben
Leben Sinn und Verstand einbringen,
Wahrheit und Zutrauen geben.

Fürbitten lautstark singen
Und lieben ein forderndes Leben.
So kann das Glücken gelingen
und uns in das Elysium heben!

Gemeinsam einsam

Zusammen und doch im Takt allein,
Morsch die alt getretenen Mühlen,
Mit großer Geste tagaus und tagein,
Keine Worte und kein Zugang zu Gefühlen.

So gehen die Tage und Jahre.
Wir versagen uns das Verstehen.
Es bleibt der Imperativ „Bewahre“,
Wo wir doch das Fremde wollten sehen.

Fanden Wiesen und Äcker des Liebens,
Gepflügt und rote Rosen an den Rändern.
Jetzt streuen wir Dornen des Verbietens,
Uns zu hören, zu verstehen und zu ändern.

Verdammt nochmal: Keine Fragen,
Was uns könnte aus der Stumpfheit
Seit an Seit zum Wachsen tragen
Und retten vor der terrorösen Einsamkeit.

Bin müde und leer wie der verlorene Sinn,
Sehe die zerbrochenen Pläne und Träume,
Die kleinen und großen tief in mir drin.
Spüre es täglich mehr, wie ich sie versäume.

Offen auch die Frage nach dem Sinn.
Wage kaum mehr auszubrechen,
Zukunft hoffend und Gewinn,
Aus den stillgelegten, dunklen Zechen.

So vergeht das Leben, düster unsre beste Zeit.
Es muss doch etwas andres geben
Als Missverstehen und Vergeblichkeit,
Etwas, was den Streit hilft beizulegen.

Vielleicht steten Abend oder stummes Wandern
Ausfüllen mit redlich zugeneigtem Dialog?
Doch leicht ist es, belanglos zu mäandern
Und schwer dem Zweifel geben das Verbot.

Wenn auch der schwarze Vogel näher scheint,
Wir könnten immer noch die Segel setzen.
So wären im Bemühen wir vereint
Beim Schlachten unserer Egos Götzen.

Vorbei das Vertane und eskalierende Bestehen
geflutet von Tränen, Leid und bitterem Wein.
Morgen wartet nun ein besseres Verstehen
Und wenn's denn sein muss, auch allein.

Genügsam

Mir reicht's, ich muss es nicht mehr haben,
Wonach andre mit Schweiß und Geifer graben.
Mir genügt mein naturbegrenztes Leben,
Da es mich trägt auf selbstgewurzelten Reben.

Geschichtsfriedhof

Vergangenheit ist beruhigend und erschütternd zugleich,
Kartiert sie doch des eines Menschen gelebtes Reich.

Das aber — und das sollte uns mahnen —
Bringt auch die Dogmen zeitverlorener Ahnen.

Die indes nicht im Diesseits schöpfen Ehrung,
Eher zehren von altersgrauer Erklärung.

Gesinnungsfreund

Wer zählt die Tage, Stunden, die wir gemeinsam
gelebt in kärglicher Nacht,
Und hernach rote Teppiche und volle Konten
gewannen die erwünschte Macht?

Wer bleibt am Ende aller Müh der Freund, der
nicht fragt und sich begnügt,
Die Paradoxie nur anzumerken, und dennoch
lustvoll sich mit uns vergnügt?

Vermutlich der, der zählt die Tage, Stunden
Nach seelennah verlebten Runden;
Der, den du lehrst zu geben auf dich acht
Und der es kann, weil du's ihm zugedacht.

Gespannt auf

Ich sitz' nun hier und bleib gespannt,
Was sich tut in meinem Festgewand.

Es rumpelt, gurgelt im inneren Gedärm
Als wollt es ducken sich vorm publiken Lärm,
Der durchdringt aller Wesen rebellierende Sorgen,
Die hernach gestalten den frühen Morgen.
Dieser wiederum wird erlebt als vom Denken
Gewolltes und erwünschtes Lenken.

So finden erfüllend Versöhnung
Junge Rebellion und alte Gewöhnung
In schmuck verkleidetem Gewand,
Das mich weiter hält fröhlich achtsam gespannt.

Gevatter

Er klopft nicht an, der grauend kalt Gevatter,
Der das Ticket überreicht zur letzten Flatter,
Der bestimmt des Atems Rhythmus
Und ihn bricht aus Egoismus.

Um Horte des Vergangenen zu füllen
Mit hellen oder dunklen Tüllen,
Lagert er Seelen in fidelen oder grausen Räumen,
Ziert ihren Abgang mit brokaten Säumen.

Lässt Geschöpfe bibbern, lässt sie zittern,
Am Leben und am Tod erbittern.
Lässt dennoch sie auch sehnen, hoffen,
Dass sie von ihm sind nicht betroffen.

Drum ist die Welt mit Illusionen dicht besetzt,
da schließlich alle Hoffnung stirbt zuletzt!
Und kreuzfidel der Mensch so lebt,
Bis das Kreuz am Grabe steht.

Gewissensbiss

Mutmaßlich, nicht gewiss,
Soll der piksende Gewissensbiss
Führen zur erschöpfenden Erkenntnis:
Hinterfotzig engagierte Kümmernis,
Eilt rasch zum Beziehungsriss
Und korrumpiert der Rhetorik Biss.

Gewohnheit

Gewohnheit trottet still vor und wieder zurück,
Hält Gebein und Gerippe in Ansicht gebückt.

Öffnet kaum den Blick für Neues,
Schließt ein in ihre Welt nur Treues.

Kein neues Denken dies erfordert
Und insbesondre kein Risiko beordert.

So lebt sie dahin in trauter Runde
Und kennt nur, was mit ihr im Bunde:

Ein Leben voller Ruh‘ und Zuversicht,
Was im Phlegma kaum zerbricht.

Was aber Raum gibt zum Bedenken
Und woanders hinzulenken.

Ohne Hast und Hektik planen,
Für und Wider zu den Zielen bahnen.

Frei von Konzentration im Trott
Vereint sie Vielfalt wie ein Fagott.

Fern vom Streben konzediert sie dir Pläsier,

Weshalb gelingt der große Wurf nur ihr.

Gewohnheit also kein Narkotikum,
Wenn du verwertest ihr Silentium!

Glauben

Was soll schlecht sein an dem Glauben,
Den wir uns zum Wohl abstauben
Von Mächten fern der Wohnung,
Die uns doch sonst gibt Schutz und Schonung
Vor den Unbillen des Gesindels,
Das uns aufschwätzt Worte puren Schwindels.

Der Glaube gibt vertrauten, wärmenden Kokon,
Schützt fragile Seele vor dem kalten Hohn,
Macht glücklich und im Chaos uns zufrieden,
Weil Zuversicht er bringt hernieden.
Bekenn' dich zu Gott, Allah oder Mohamed,
Sie schaffen dir ein behütetes Bett.

Glaube lässt die Hoffnung zu,
mit der du findest stille Ruh.

Glorie der Prahlerei

Warum verharrt wer, wenn der andere losgeht?
Warum ruft wer hier, wenn Veränderung weht?
Warum verzweifelt jemand, der bleibt allein?
Warum lädt selten jemand zur Teilhabe ein?

Weil wohl jeder für sich nur sieht die Welt,
Wie sie ihm und nicht zwingend anderen gefällt,
Weil sie ihm erfüllt Wunsch und Eigenwille
Und sie ihm hegt die individuelle Rille.

Darin ist selbstgefällig sie ihm zugetan,

Erfüllt ihm seinen Sehnsuchtswahn,
Zu spielen was Großes im kleinen Leben
Und abzutreten mit blagiertem Beben.

Glück

Lass uns Tag um Tag genießen,
Auf, jetzt einen neuen Lauf
Mit Bravour die Berge rauf
Und viel Fröhlichkeit vergießen!

So wird mancher uns beneiden, unser Glück.
Was ist Glück an solchen Tagen?
Versagte ich, so wollt‘ ich’s wieder wagen
Und hielt dabei mich kaum zurück.

Aufs Neue sollten wir`s riskieren,
Zu suchen dies göttliche Ereignis,
Das für Halt und Stärke ist uns Zeugnis
Und niemals uns dafür genieren.

Was ist Glück an solchen Tagen?
Ich möcht es dir geben:
Die Liebe ist’s, sie nährt alles Leben
Und trotzt den schlimmsten Plagen!

Großes Los

Aufmerksam und voller Inbrunst
Such ich nach seelentreuer Gunst
Des Gottes, der bringt Begehrlichkeit
Bei anstrengend innerer Achtsamkeit;

Für Wünsche, die intonieren Zufriedenheit,
Bereinigt von gedankenloser Beliebigkeit
Und des Zufalls, der ersetzt jede Fähigkeit,
Jedoch rüstet das Grab der Bequemlichkeit.

Mag das Suchen maßlos etwa klingen
Und nur den Müßiggang besingen?
Ist alles doch Irrtum und Blasphemie,
Flatterhaft verlorene Müh'?

Zumindest ein Quäntchen in jedem Fall
Als verhuscht warnender Überfall
Auf die Komposition des lullenden Komforts,
Der kräuselt die Stirn des frommen Kantors.

Unterm Strich jedoch hat sie großen Sinn,
Denn sie verschafft mir Stärkung und Gewinn,
Hält ab den kruden Sensenmann
Und lädt ein den kleinen Bonvivant.

Halt inne!

Die Becher sind geleert.
Der gelebte Tag verehrt.

Auch des Hellen satt,
Ruft die heilige Bettstatt.

Ruh' ohne Wut und Tränen,
Genieß' sorgenfreies Gähnen.

Lass den Tag Revue passieren
Und dich an Alltäglichem pläsieren.

Lass ruhen Hatz und Hecheln nach Gewinn,
Nimm dich im Jetzt und rekurrier den Sinn.

Pfeif ab das trügerische Streben,
Vertraue auf ein multipel wahrhaftes Leben!

Voilá, da bin ich und rülps aufs Gestern!
Wende mich hin zu wägenden Schwestern
Im Himmel und auf Erden,
Um mich fürs Morgen fest zu erden.

Häuten

Mein letztes Wort soll in die Stille sinken
Und im Sinn dich mit mir verlinken.
Es spricht von Abschied, der ein Anfang ist,
Der nichts vom Gestern sehr vermisst,
Der die Zukunft froh nimmt ins Visier,
Der gibt dem Morgen und mir Pläsier.

Ein Abschied der Befreiung heißt
Und Leben pralle Lust zuweist.
Bereit zu neuen Höhenflügen
Und sehr geneigt, sich einzufügen
In das leuchtend Neue der Natur.
Gebrochen lediglich das Gestern nur.

Helles Licht bricht sich beharrlich Bahn,
Beendet still und leise nun den Erdenwahn,
Stellt die Ampel auf Hellgrün
Und anerkennt das irdische Bemühen,
zu ziehen oft den Säbel blank
und nix zu schieben auf die lange Bank.

Heilstätte

Wieso braucht's viele Worte,
Wenn Liebe besinnungslos tobt
Und unsre Kraft der Welt gebot,
„Gib dem Verzeihen heilende Orte!“

Heiteres Davon

Komm schwarzer Vogel, begleite meinen letzten Weg,
Sing mir ein Lied auf diesem engen Steg,

Das mir gefällt und das mich heiter fröhlich stimmt,
Das voller Zuversicht mir die Ängste nimmt.

Sing laut und leise
Und begleite meine Reise.

Damit mir kein verzagter Arsch
Versaut den allerletzten Marsch
Zu einem Ort, der niemandem bekannt,
Ich mein jedoch, ich hab‘ die Blenk erkannt.

Herkunft

Was ist es, was bringt manche Träne,
Was gibt Sehnsucht und vertraute Strähne?

Vielleicht der Wunsch nach nicht Gelebtem,
Vielleicht auch nur die Träume vom Erlebten,

Das weit zurück liegt in der Vergangenheit,
Kaum lokalisiert in aktueller Begebenheit.

Ja, kleine, kindliche Facetten von Vergangenem
Binden Verlorenes zu neu Gewonnenem.

Hier liegt die Strähne von Vertrautem
In den Mauern des von Ahnen Gebautem.

Auf dem Beton, der erinnert ans nächtliche Denken,
Wo Vaters und Mutters Werte die Achtsamkeit lenkten.

In den vielen Stunden durchlebter Gemeinsamkeit,
Die noch schlummert in der Box der Vergangenheit.
In dem Leben in wilder Befreiung,
Wo zählte allein die Begeisterung.

Auf Wurzeln, die gründen im rustikal gestrickten Befund
Und ihr Ende finden auf kirchlichem Grund.

Ja, das bringt die Träne, die wohlig umgibt das Jetzt
Und schützt vor dem, was uns zuweilen im Hier verletzt.

Herz & Verstand

Wenn der Gedanken Schwäche
den Alltag kujoniert,
geraten Fragen in den Häcksler,
der das Denken ruiniert.

Alles wird einfach, klar und elegant,
Weil Verzwicktes flutscht ins süße Band
Des Freiraums tumber Interpretationen,
Fern vom Erkennen der Problembastionen.

Deren List: der Gedanken Mühe trotzen
Und schnell zum Entspannen lotsen.
Doch offenbaren der Mühsal dunkle Konturen
Auch schwache und vernetzte Spuren.

Innovative, vielfältig lockende Optionen
Zu durchdringen, würde daher lohnen.
Gewiss, Schweiß treibend, ungewohnt und fern,

Aber: sie bergen des Pudels ewigen Kern.

Am Ende bleibt die faktische Erkenntnis:
Intellekt und Neugier erlösen die Bedrängnis.
Ach ja! daher wohl nur wenige der Welt
Über das verfügen, was sie vielen vorenthält:
Herz und Verstand,
Mut und Bestand
Und eine tapfere Hand.

Hommage an Santo

Nur kurze Zeit warst du zur Obhut uns gegeben,
Hast geteilt mit uns dein kleines Leben,
Freudig uns begrüßt am Morgen
Und zerstreut ganz viele Tagessorgen.

Zufrieden geseufzt „Gut Nacht",
Gekuschelt an uns wieder aufgewacht.
Kaum traurig, ja, fast immer froh,
Fein im Charakter, geduldig wie eine Traube auf Stroh.

Von Herzen zugewandt, besonders dem Trog,
Gemampft und genossen, bis dein Bäuchlein sich bog.
Bei Wind und bei Wetter an unserer Seit:
Gespannt, was der Weg dir hält heut bereit.

Jeder Halm interessant, jeder Stein goutant;
War schon wer dran, markiertest du die Kant.
Besonders Menschen haben's dir angetan,
Da Nahrung und Zuspruch folgten spontan.

Ach Santo, du kleines feines Kerlchen,
Sechs von deinen acht Jahren durftest
du sein unser Perlchen.
Mal Dicker, mal Lumbes,

Mal Hasenarsch und Stumbes;
Mal Seppl, mal Frosch auch Hühnerbein viel oft,
Jetzt ist dein Platz im himmlischen Loft.
Genieß‘ von da dein jenseitiges Sein.
In Gedanken ziehen wir bei dir ein.

Mag verblassen dein Leben, dein Wesen bleibt,
Wärmt unsere Herzen auf ewige Zeit.

Humanitas

Wo Null und Eins die Kommunikation ersetzen,
Jault auf das Herz voller Entsetzen,
Weil Nachsicht, Achtung und Respekt
Krepieren rasch im digitalen Dialekt.

Hunger nach Nähe

Wer war sie damals in verbotenen Nächten,
Die Lust und Jetzt verschmolz zu puren Ego-Mächten,
Die suchte Nähe, dauerhaften Halt
Und ignorierte die Formen subtiler Gewalt?

War sie gefangen im Wunsch nach Bindung und
einem gemeinsamen Sein,
Verdrängte sie die Kälte und unterdrückte ihre Pein?

Sie war die geschundene, zerbrochene Frau
mit brüchigem Leben,
Dessen Sinn sie wollte Form, Feuer und Inhalt geben.

Sie war die, die verwechselte Körper mit Seele
und Gott mit dem Teufel
Und gab sich hin mit Haut und Haaren, stumm
und ohne Zweifel.

Sie traf auf irrlichternd Suchende, auf Verwandte der eigenen Mächte,
Deren Triebe halfen, zu überwinden die Leere der sehnenden Nächte.

In Zimmern die verboten die Lust, weil Kultur und Religion es Ihnen nicht gönnten,
Zu finden sicheren Tritt, den sie in der schwarzen Tradition sonst niemals fassen könnten.

Identität bahnt

Von allen guten Geistern wohl verlassen,
Wühlt auf die Lust Hirn und Verstand,
will keine Tasse heil hier stehen lassen,
Rückt die Vernunft weit an den Rand.

Dem Nucleus accumbens gibt sie heißes Feuer,
Versetzt die Ordnung außer Rand und Band,
Erhebt Banalstes gar zum Ungeheuer
Und das Prekariat zum Adelsstand.

Am Ende stehen Räson und Klugheit,
Die den Kern des Lebens machen aus
Als authentisch wackere Wahrheit.
Lackel nehmen flugs davor Reißaus!

Im nächtlichen Dialog der Erinnerung

Hast du gefragt, Vater, „was wird sein in vielen Jahren“,
Während wir fröhlich die Nacht im Gespräch bewahren,
Als Datum, das mir gibt Erinnerung und sicheres Leben,
In dem wir gemeinsam leckeren Schoppen heben?

Auch die Zukunft von Jahrzehnten wir nicht bemühen,
Weil's unterbräche das nächtlich gebundene Glühen.

Im Innern aber von uns beiden, Vater, blieb es offen,
Was wir für die Zukunft wagen, glauben und
insgeheim erhoffen.
Es ist das Ferne, das erschwert uns zu sorgen,
Denn wir fühlen Erfüllung und uns im nächtlichen Arm
geborgen.

Hörst du Mutter rufen, morgens, es war schon um halb drei:
"Sepp, wann kommst du nun endlich vorbei.
Dein Bett ist kalt und ich schlaf' sensibel leicht,
Auch unser Bub, dein Kompagnon heut' Nacht, erbleicht.

Er ahnt nicht, was noch kommen wird in seinem langen Leben,
Dem wir nur ungefähre Richtung, aber festen Glauben und
Haltung geben.

Drum komm nun, Sepp, und lass den Buben seine Antwort
finden.
Deren Wert und Wahrheit er später im Alter kann ergründen.

Lösch die Kerzen, schließ weg den Wein
Und komm endlich jetzt rein!"

Vater, Mutter, bescheiden und getreu im Wesen,
Ihr seid Maximen für Gewissheit gewesen.

In solchen Nächten webtet ihr mein Gewand,
Das gebietet dem Herz und der Hand:
„Tue Recht und scheue niemand!“

So kann ich heute, morgen und sonst wann Erfüllung finden in
lauer Nächte Luft,
Auf dem Beton, den wir gegossen irgendwann, um selig zu
verweilen bis Mutter ruft.

"Nun kommt doch endlich, ihr Komplizen,
Ich will nicht länger euch noch triezen.

Sogar der Herrgott sagt, es genügt,
Ihr wäret auch sonst schon hochvergnügt!"

Seid gewiss: Ich komme unverrückt
und bin final wie ehedem erheitert und beglückt!

So sind die von Leichtigkeit und Wein getränkten Nächte heute mein Morgen,
Der Steg zum Ich ist befreit von Alltagssorgen.
Hier will ich bleiben, wenn mir das müd' Gebein zerbricht,
Wo ich spürte der Nächte ewiges Licht.

Heute erhellt es die Facetten der gelebten Jahre,
Die wir nicht ahnten damals um halb drei: Gott bewahre!

Informant

Wer gibt übers Leben wichtigen Bescheid?
Der Menschheit Fischen im Trüben
Oder erkannt frappante Ähnlichkeit?
Nein, konzises Denken üben
Ziert das bedürftig, blanke Kleid.

Irren

Wege nach Innen gelingen im Irren,
Es dekliniert die Wahrheit an neuem Ort,
Um aus gelingendem Verwirren
Zu schaffen verblüffenden Erkenntnishort.

Jammer frei

So lass mich Jammern, lieber Gott, über Elend, Pein und meinen Job,
Es befreit und lotst zu viel geteiltem Lob.

Das revidiert die Partitur und Melodie
Der schmachtend tristen Novembermelancholie.

Frohgestimmt verweht der tosende Sturm,
Wird gar niedlich wie ein Strudelwurm.

Jenseitsglaube

Der Atem gibt mir Zuversicht, die auch morgen zählt.
Hört er auf, tönt leiser Zweifel, der nur kurz mich quält.
Versprechen doch der süßen Früchte gesunden Reben
Helle Aussichten auf ein wundervolles Weiterleben.

Kaukasische Lösung

Wer anregend wie ein starkes Tranquilium,
Zündet die Lunte zum kulturellen Delirium.
Wo's nötig wäre, kein einziges Wort,
Ganz kleines Karo fast immerfort.

Da der Gedanken Blässe den Alltag ziert,
Lernt niemand, warum der Disput verliert.
Verbaler Krawall verkörpert markige Traute,
Auf die kein Feingeist im Entferntesten baute.

Entfacht das Gespräch bissige Division,
Verliert der Dissens den Sinn für Fusion.
Existiert ein Antipode dieses Extrems
Zum Erhalten des sozialen Systems?

Doch knisternd jemand wie ein Erotikum,
Der törnt an libidinöses Freidenkertum.
Scharfer Geist erkennt Gepräge von Strukturen,
Seziert Vielfalt und Vernetzung der Figuren.

Ziseliert ohne Schonung polymorphe Wahrheit
Und durchdringt präzise jede Finsterkeit.
Schafft trefflich Mehrwert und Ergebnis;

Nur das Verstehen ist motivierendes Erlebnis.

Veränderung den Freigeist niemals schreckt,
Auch wenn er bei sich selbst aneckt.
Aufdecken von Reserven und Potenz
würzen Aufklärung und Prävalenz.

Ist das nun die Erkenntnis:
zu dem ersten, tumben Hampel
Gesellt sich ein gewiefter, zweiter Zampel?

Nein, was ein Glück: als Wahrer der Fusion
liegt inmitten noch ein Dritter:
Der Weiße Ritter.

Klarsicht

Wo Gespräche ersetzen Nicken oder Schütteln,
Werden Inhalt und Worte rütteln
An den Säulen der verkündeten Wahrheit
Und gelassen ertragen die irritierende Klarheit.

Aus deren Samen keimt provozierendes Denken,
Um Gewohnheit zur Dekonstruktion zu lenken,
Auch um Inbrunst und Kraft zu gewinnen,
Zum Bauen von schützenden Zinnen.

So mag kommen, was auch immer mag:
Innere Transparenz baut den gelingenden Tag,
Schafft smart des Menschen Geist und Witz
Und bricht Tabus, ganz wie der Alte Fritz.

Kompatibilitäten

Erquicklich: Indizien zu verstehen und zu erkennen,
die die Kompatibilität mit einem benennen

In punkto Gedanken und Muster anderer,
Konträr gestrickter Welten-Wanderer.

Die Kontingenz zwischen fremd und vertraut
Festigt, was fragil auf Sand ist gebaut.
Sie löst die Verklemmung im erträumten Unendlich
Und paart Geben und Nehmen mit dem Wir und Ich.

Verknüpfungen werden, und das muss uns beglücken,
Die Koordinaten der selbstgesetzten Dogmen verrücken.
Neu ausgerichtet auf vernetzte Lektionen
Weiten sie Horizonte, Vielfalt und Optionen.

Konversation

Wer verstanden werden will, muss reden
Und Reichtum den Gedanken geben.

Vielleicht genügt ein Blick, ein Seufzen,
Um den Augenblick zu kreuzen.

Vielleicht auch nur ein Ja oder Nein,
Um bei sich ganz klar zu sein!

Korrektiv

Oft missfällig, gelegentlich spottend, und selten in
der Konsequenz bedacht,
Karbatschen wir Menschen nach unserer vertrauten Tracht.

Den Nachbarn, der in meinen Augen spinnt, weil er’s nicht so,
wie ich es denke, macht.
Den, der mit zerrissenen Jeans im Konzert mich aus der
Fassung hat gebracht.

Den, der den langen Zopf des anderen zum mystischen Zeichen gar erschafft.
Den, der spontan Migranten selbstlos Heimstatt schafft.
Zum Glück nicht den, der unaufdringlich deutlich macht:

Vergiss dein Streben nach Wahrheit und Ordnung,
Leb‘, was dir sittlich scheint, als faltenfreie Verortung.

Kräftigung

Fühlen wie der Wind sich um die Haare legt,
Wie der Geruch der Wälder mit der Seele sich verwebt.

Erfüllt sind Beine und Herzen mit Genügsamkeit
Und gelassen beflügelt mit fröhlicher Betriebsamkeit.

Freiheit im Herzen und im begrenzten Verstand
Schafft Distanz zu manch festem Stand,

Setzt frei Energie für Sinnlichkeit
Und mental stiebende Beweglichkeit.

Krönung

So gehen die verplanten Tage und Stunden
Hinwärts zu Weyherer geselligen Runden.

In die letzte Umlaufbahn des irdischen Seins,
Und klar wird: Ich bin glücklich, es war meins!

Lebensagenda

Ich wünsche dir:

Ein erfülltes, starkes Leben,
Das dir gefällt im Bestreben.

Ein bereichert gelebtes Leben,
Das dir vergibt vom Ich getriebenes Benehmen.

Ein von Erfolg bestücktes Leben,
Das kaum Narben dir kann geben.

Ein auch von Zweifel geprägtes Leben,
Dessen Sinn liegt im Vergeben
Und dich lässt jeden Tort ausleben!

Hab Mut, tu dir und andern gut!
Hab Herz, kurzes Leid verschmerz'!
Geh voran, lass' nur auch andre ran!
Setz' Zeichen, die dich für die Zukunft eichen!
Gönne dir Disput und schöpf daraus viel Mut!
Alles so zu seiner Zeit, dafür sei ab jetzt bereit!

Lehen

Es ist jetzt Zeit für mich. Ich möchte gehen!
Habt Dank, wer immer ihr auch seid,
Für euer mir gegebenes Lehen.
Ich habe es genossen, glaubt's mir, alle Zeit!

Letzter Ausgang

Lasst Abschied nehmen mich vom Erdensein,
Dem ewigen Streben nach Anerkennung und Schein.

Zuletzt werden Ruhe und Bescheidenheit

Mir geben die gelegentlich verlorene Zufriedenheit.

Kein Argumentieren mit logischem Beweis,
Kein Lamentieren wegen vielleicht verlorenem Schweiß,

Nur Ruhe und Demut vor dem göttlichen Herrn,
Dem ich vertraue und reiche meine Seele gern.

Ich bin dann mal weg aus aktuellem Geschehen,
Doch lasst mich leben in Gedanken und in der
Erinnerung bestehen!

Lustige Gesellen

Lustige Gesellen trinken, lachen und tanzen,
Überlassen 's Meckern Melanin getränkten Wanzen.

Rülpsen, furzen, oh welch lauter Graus,
Treiben schlechter Laune das Begrimmen aus.

Leben fröhlich in den jungen Tag,
Lassens jedem, wie er‘s gerne mag.

Diskutieren auch mal, um zu belegen,
Dass sie mehr als Nonsens nur bewegen,
Um doch im baldmöglichsten Gelingen
Die Gewohnheit wieder zu gewinnen.

Sie lassen Fünf gerade sein, lieben ihre Narrenkapp‘
Und lächeln still vergnügt, wenn‘s trotzdem nicht so klappt.

Am Ende haben sie die leuchtend rote Nase vorn
Und Miesepeter ihren Schreck verloren.

Weil jene längst schon in der Gruft,
Doch lustige Gesellen so schnell keiner ruft.

Sie bleiben zu der Welt Erhalt
Ziemlich lange in humoriger Gestalt.

Mandat

Von Vaters und Mutters Geist getragen,
Stell ich mich gern gefährlichen Tagen.

Auch in dunkler Nacht muss ich nicht barmen,
Weil beide mich tragen in schützenden Armen.

Dermaßen gepolstert mit elterlichem Lehen
Kann es mich zweifelsfrei überall hin wehen.

Als Vermächtnis für authentischen Salut
Übergebe ich der Nachhut das geliehene Gut.

Maulheld

Kerzenlicht und Geisteswicht
Verklären sich zum Schwergewicht.

Keiner merkt's und bedröppelt jeder schaut,
Wenn ihm der Maulheld mal Wahrheit klaut.

Danach sind alle wesensschlauer,
Auch wenn's keiner weiß genauer.

Menschenkinder

Verloren einsame Seelen wärmen die Balladen,
Privilegiert gepamperte Wesen das Sonett.
Die einen staksen auf Stelzen durch ihre Dekaden,
Die anderen hüpfen in ein stets behütetes Bett.

Beide jedoch sind Menschenkinder,

Sind unter der Obhut einer gütigen Kraft,
Die verbindet Denker, Toren, und Rinder
Und allen schenkt den Leben nährenden Saft.

Narrenfreiheit

Was bleibt noch zu tun in letzten Tagen,
Nachholen, was man gewollt, doch nie erreichte?
Oder sinnenfroh vom Zins zu laben
Und ungetrübt genießen das Bad der Beichte?

Ja, das wird's wohl sein, was beflügelt,
was Bein und Seele gibt Beweglichkeit
Und manch Krummes glatt mir bügelt,
Bis hinaus in alle Ewigkeit.

Neues denken

Immer wieder dasselbe!
So wird nie daraus vom Ei das Gelbe.

Entscheidungen folgen dem Muster von Gestern,
Weihnachten wie Ostern verhunzt von Marketing
und Kälbermästern.

Geschenkte Freizeit mit wenig Sinn
Versenkt den spirituellen Gewinn.

Nix hat Bestimmung und USP,
Kraut und Rüben Gemansche wie noch nie.

Sind die Ressourcen schwer erschöpft,
Dann ist die Gesellschaft sehr verletzt.

Fehladresse auch: vernetzte Reflexion.

Wer kann da noch setzen den richtigen Ton.

Sind Klima und Kultur im Arsch,
Wenigsten der bläst uns dann den Marsch.

Hierarchien flach wie eine Flunder,
Gewusel und Anarchie, was für ein Wunder!

Denken von hinten oder kreuz und quer
Fällt Machbarkeitsaposteln mehr als nur schwer.

Der Dornenbusch lodert hell durch die Nächte
Und knistert verzweifelt: „hinweg das Schlechte!“

Es braucht nun auf dem Feld der Erosion
Neue Lenker für den Trail zur fälligen Fusion.

Von Mut und Beharrlichkeit geprägt,
Reißen sie ein, was das Gestrige trägt.

Denken Tabu befreit die Welt,
Wie sie ihren Sinn noch beibehält.

Dass wir keine zwei davon brauchen
Und Zeit haben, einen Joint zu rauchen.

Um zu werden kein gegrilltes Rind,
Marginalisieren wir unsern Foot & Print.

O Sanctissima

Oder wie das Heilige in uns zur profanen Freude wird

Für vieles, was die letzten Jahre getragen unsern kleinen Kreis,
Habt Dank! Für Diskussion, Feedback und treuen Beweis!
Ob selig in der Pfalz, ob ernst beim Monatsthema,

Immer war's ein lustbezogen schmetterndes Sanctissima!

Bei manchem Treffen mal nur zu dritt, mal nur zu zweit,
Zum lockeren, nahen Miteinander allzeit bereit.

So mag auch jeden von euch lieben Kombattanten
Fortan begleiten Glück, Zuversicht und nicht zuletzt viel‘
Gratulanten.

Obacht

Wie blubbern fröhlich doch des Lebens Klänge,
Die Musik, Balladen zieren und Gesänge.

Doch auch kritisch, bebend intonieren:
Säusler wollen nix als korrumpieren.

Pur schlägt Mix

Hinein, was geht in Leib und Kropf,
Es stärkt den Körper und belebt den Kopf!

Flüssig muss es natürlich sein
Und keine Plörre, eher reinen Wein.

Und sollte er dir die Leber quetschen,
Hör auf, das Zeug mit Gin zu matchen.

Räsonieren

Gedanken zum Ende eines Tages

Lasst uns ermessen situativ gerecht
Und nicht urteilen, das ist gut oder schlecht!"

Wir adressieren „wahr“ oft nur an einen Pol

Und wägen kaum, was dazwischen liegt wohl!

Wer vermag aber sagen, du tust nur gut oder nur recht
Und sich dabei nicht verheddern im Faktengeflecht?

Nur der Weise in uns lässt Zweifel zu
Und gibt dem Gestern im Keller des Heute Ruh'.

Drum nehmt mich so, wie ich durchweg bin,
Als Menschen mit Drang zum Verstehen hin.
Im Widerspruch und Stimmigen,
Als Zweifelnden und Grimmigen.

Lebt wohl ihr unilateralen Gesellen,
Lasset zurück Euer Verstellen!

Setzt Koordinaten für Eindeutigkeit,
Für Vielfalt und optionale Wirklichkeit.

Ziele und Treffen von Sollen und Wollen
Sind letztlich im Inhalt vermischte Bollen.

Gott verzeiht die Hybris von finitem Wissen,
Erwärmt sich lieber an tarierten Erkenntnissen.

Die lassen dich steuern mit sicherer Hand
Und geben Volatilem ein güldenes Pfand!

Soll jeder, der sinnieren mag,
Derlei Gedanken geben Raum und Tag!

Danke für ein Leben im Widerspruch
Und immer wieder heilendem Bruch!

Realitäten

Realität eins und Realität zwei
Geben dem Menschen das Zweierlei.

Das bringt das irdisch geprägte Denken
Zum Rödeln oder zum Zukunftslenken.

Der Eine schöpft aus gehetztem Dasein den Sinn,
Der Andere aus Fragen, Demut und Irrtum den Gewinn.

So freut den Einen das mit Schweiß verbundene Gelingen.
Den Anderen ein mit Verve getöntes und im Herz geborenes Singen.

Rekognition

Oder wie man Altes im Neuen entdeckt

Weißt du noch als wir bei Feuer und Gitarre die
klaren Sterne zu unserm Zelt ernannten,
Als wir Gespräche schätzten, um zu teilen die Gedanken?

Als wir uns fragten, was alles wohl bedeutet
im Hier und Jetzt,
Als uns der Frevel von Politik, Gesellschaft
und Business hat verletzt?

Als endlich wir die letzte Frage stellten: „Was eint
in dieser Welt“,
Und wir als Antwort fanden: „der Diskurs, der
Fliehkräfte zusammenhält“?

Was ist daraus geworden in den digitalen Zeiten,
In denen Instagram und Co uns vom kontroversen
Dialog befreiten?

Nichts, was nennenswert Qualität uns schenkt.
Das Leben wird zuhauf mit Apps gelenkt.

Das Ich radikal zur Schau gestellt auf Portalen,
um zu tilgen der Ruhmsucht galliger Seelenqualen.

Beredtes Schweigen, wo ein klärendes Wort befreit.
Wo einer dem anderen die dümmsten Sprüche verzeiht.

Wo Zuneigung durch kopiertes Denken entsteht
Und Verschwörung die Alternativen verweht.

Ja, Tabletts und Co sagen mehr als jeder Coach
und Therapeut,
Wie sie stehen zueinander, die heutigen Leut.

Regieplan

Grinsen oder weinen:
Beides hält's im Reinen,
Was das Leben spannt
Und das Zaudern bannt.

Aus den Höhen und den Tiefen
Meißelt's Runen oder Triefen,
Gebiert es Lust oder Verdruss
Und erkennt, was es letztlich muss:

Hell, dunkel, schwarz und weiß,
Ist fremder Macht Geheiß.
Drum halt' die Füße munter still.
Gott befiehlt, was ich im Grunde will.

Reibung

Glattgebügelt die Meinung,
Gleichgeschaltet die Hoffnung.
Kaum bereit, durch Irrtum zu reifen,
Lieber auf dem Ticket des Erfolges reisen.

Wie fesselnd, lehrreich doch das Erkennen,
Erkämpft aus dem Ringen ums Benennen
Des drängendsten Problems im Weltgeschehen,
Und die Vielfalt zu spüren als reizvoll angenehm.

Reifen im Widerspruch

Leben teilen und bei sich verweilen,
Kompromisse schließen, Öl ins Feuer gießen,
Tugendhaft und voller Gier:
Widersprüche als des Lebens Elixier.

Daraus lass die Welt entstehen, die dir bahnt den Weg,
Der am Ende pfeilgerade, vorher fast vom Wind‘ verweht,
Unbeschadet wirrer Zeiten dir gibt Halt und Sicherheit
Und aus den Klauen fremder Mächte Körper, Geist
und dich befreit.

Sehnlichst wünscht dein alter Knaster:
„Hinweg mit lebensfeindlichem Laster!“
Denn Kopf und Seele und der rote Saft
Mixen gesunde Nahrung, die dir gibt die Kraft.

Zum Wollen und mehr noch zum Verstehen
Kann so der Weg noch viele Monde gehen.
Nur die Wahl zwischen beiden ist frei im Vexier
Und Widersprüche des Lebens ewiges Elixier.

Renitenz

Lust zum revoltierenden Widerspruch
Entfesselt rossig anmutenden Ruch
Eines nach Sinnen strebenden Lebens
Und eines selbstlos verzeihenden Gebens.

Sie hilft, Echtheit zu finden
Im verwurzelnden Binden
Der Renitenz an das kantige Wesen,
Das du als Zweifler wohl bist gewesen“.

Res Publica

Lust ist des Lebens Elexier,
Doch weiter kommt man ohne es,
Weil's bringt nur kurzgewirkte Gier,
Die vernebelt des Wesens Res.

Der Tumbe füllt mit Nicken sein Leben.
Der Wägende sucht raues Gelände,
Verknüpft dort Nehmen mit Geben
Und findet gebührenfrei helfende Hände.

Resonanzen

Aufbegehren, um nur ja nichts zu verdecken,
Bringt Zustimmung nur von klapprigen Recken.

Parvenüs zeihen ihn als „radikalen Deppen“,
Doch die sind auch nur Grips geleerte Jecken!

Wie man‘s wendet, wie man‘s dreht: es ist zum Lecken,
Schadlos bleibt, wer zu sich steht und das kann checken.

Ressourcen

Wahnsinnsschutz und viele Pillen
Zum Entschleunigen und Chillen,
Zum Gewinnen oder steten Rinnen
Der Träume, Ziele und Zinnen?

Oder zum Erkennen der mächtigen inneren Sphären,

Die im Grunde aber nur auf fremder Hefe gären
Und den Mut für Ungewohntes uns spendieren,
Damit die Zukunft wir nicht aus dem Blick verlieren?

Erst der Mut eröffnet neue Umlaufbahnen,
Rüstet auf zum kühnen Planen!
Auch Selbstführung hilft beim Ungefähren
Und sinistere Kräfte dir zu erklären!

Rezept zum Gedeihen

Schließ' die Augen, genieß' den Augenblick,
Denk' an jetzt und nicht lange zurück!

Glüh' im bedingungsfreien Sein,
Atme Korps und dein Ich im Verein!

Trink' frischen Wein vom alten Rebensaft,
Der dich beschwingt und selig macht!

Nimm Abschied vom äußeren Zwang,
Genieß' ein Leben ohne Rang!

Füg' dich ins Große, Ganze,
Lach' auch mal über 'ne Wanze!

Halt' aus den Verbissenen,
Er bleicht aus unter den Wissenden.

Er reiht sich zu den Gestrigen,
Macht sichtbar dir den Mutigen,

Der mal gewinnt und mal verliert,
Doch nie nach Utopien giert!

Richtmaße

Getragen von der Gedanken Blässe,
Verbringt der Tor den langen Tag,
Zelebriert seichtes Geschwätz als heilige Messe
Und denkt beglückt, dass jeder ihn mag.

Trotz langem, irrem Wirren
Gelingt ihm ein heller Moment,
Zu entzünden die neuronalen Dürren
Und intellektuelles Bombardement.

Bemüht um transzendentes Wissen,
Peinigt er oft sein tumbes Gewissen,
Das jedoch, im Contra zum Schein,
Ihn steinigt mit nörgelndem Sein.

Klugheit wird der Maßstab fürs Leben,
Das heißt Verheißendem zu vergeben
Ohne Arg oder verzehrenden Verdruss
Und erleben barocken, inneren Genuss.

Der kommt aus Verstehen und Reflexion,
Und schlägt an den finalen Ton.
Erst dann legt er ab die heitere Kappe
Und hält bis auf Weiteres die Klappe.

Ritt ins Ungewisse

Gib Zuversicht, gib Hoffnung,
Nicht nur in der Erinnerung!

Nein, auch im noch wirren Morgen
Lass leben mich geborgen.

Dynamik vergrätzt stabile Schablonen,
Negiert die Gewissheit ergrauter Patronen.

Wohin mit altem Denken und Handeln?
Alles muss man komplett neu verhandeln!

In luftigen Gewändern atmend,
das Unbestimmte süchtig labend.

Was entwirrt den Weg zur Komplexität?
Die Lust an begrenzter Instabilität!

Die reitet atemlos uns durch die Natur,
Gibt aber Zuversicht und Struktur.

Erkennt der Kontrolle Illusion,
Übergibt Versuch und Irrtum die Mission.

Schafft mehrere Optionen,
Von denen einige vielleicht lohnen.

Lässt liegen Machbarkeitsfloskeln
Und spielen intellektuelle Muskeln.

Sie lehrt uns, Erfahrung zu misstrauen
Und die Gewohnheit zu verhauen.

Sie stürmt der Menschheit Wundgesessenes
Und tritt ihr in den Hintern, um selbiges zu lindern.

Sarkastischer Feingeist

Er war der, der andre trefflich amüsierte
Und aus Banalem Hochkultur kreierte.
Der mit Geist und Witz den Tag vergessen macht
Und der Abkehr vom Trivialen die Lizenz verschafft.

Aber auch der, der den Finger in die Wunde legt
Und manchen aus seinem wohlgefeilten Leben fegt.
Der vielen zeigt die verlogene Konsistenz,
Die nur schafft soziale Abstinenz.

Fern dem, was den Kitt des Alltags knetet,
wofür die ganze Menschheit betet,
Was Bindung schafft im Unendlichen
Und auf dem Schiefer der Verblichenen.

Er demaskiert die beißende Verlogenheit,
Kultiviert faunisch sinnliche Wahrhaftigkeit
als sinnenfrohen Lebenswert,
Der von allen unverdrossen wird begehrt.

Ja, das entzaubert er, der, der trefflich amüsiert,
Der rigoros Lüge, Wunsch und Dasein ziseliert.
Der auch den Widerspruch in sich selbst erkennt
Und sich in feinem Geist und Intellekt dazu bekennt.

Dass ihm nur bleibt die Transformation
In Ironie, Gespött und intellektuellen Hohn.
Wenn andre ihn nun huldigen, beklatschen und bejubeln,
Kommt er sinnberaubt gehörig ins Trudeln.

Er bleibt der intellektuell geschätzte Clown,
Der rockt und hetzt subtil, man merkt es kaum.
Ihm gelingt die revolutionäre Spott-Architektur,
Mit der wird nackig die gezierte Betroffenheitskultur!

Schalk & Co

Schalk und Gottvertrauen
Können Trägheit verhauen.
Des Geistes ätzende Mühen
Lassen sie wieder verglühen.

Sie kommen daher und gehen dahin,
Wo niemand sucht nur erquicklichen Sinn.
Und das, Ihr rational getakteten Lieben,
Macht Euch frei von fremden Hieben.

Scheitern

Weißt du noch, was wir mal wollten,
Was wir in unserm Leben sollten?
Wir wollten ernst und gesehen werden.
Von uns und allem auf den Erden.

Geblieben sind uns nur die andern.
Wir haben uns verloren beim Mäandern
In engen, feuerteuflischen Welten,
Wo eigensüchtige Wünsche gelten.

Was bleibt von dem, was wir gewollt,
Was wir nur diffus verstanden
Und wo wir warum jetzt stranden?
Wohl nur, was den queren Weg ausrollt!

Nicht das, was lautstark uns verkündet,
Herzen theoretisch innig bindet.
Nein, was uns trennt im gelebten Wesen,
Was uns die Welt lässt anders lesen!

Das brächte Mehrwert, brächte die Kraft,
Die uns Gemeinsamkeit verschafft,
Es führte das Ich zum Punkt zurück,
In den der andre ehedem gerückt.

Mit Schmiss dort huscht das Ich zum Wir
Und ließ uns Raum für Augenhöhe hier:

Annehmen, kritisch bedenken
Und viel Gehör verschenken.

Sich wo nötig korrigieren
Und nicht nach Lust nur gieren.

Könnten das noch Wege sein?
Nein!
Vielleicht finden wir uns rein?

Nein!
Es könnte aber doch sein?
Zum dritten Mal: Nein!

Genau deshalb, mein Freund, jedoch
Flammt nun des Grabes Kerze Docht!
Er gibt zwar Zeit, doch nicht so viel,
Dass wir wagen könnten neues Spiel.

Er glimmt bedächtig noch zu Ende
Und lässt im Schoß die beiden Hände.

Der Wandel hat nur definiert begrenzte Zeit,
Für die man sein muss dann bereit.

Da hilft kein lautes Lamentieren,
Man muss sich vorher halt gerieren.

Schlaumachen

Gibt mir das Vorher Erklärung allein?
Ich weiß es nicht!

Gibt mir das Heute bewusstes Sein?
Ich weiß es nicht!

Gibt mir das „Von nun an“ neue Pflicht?
Ich weiß es nicht!

Gibt mir das Sterben weite Sicht?
Ich weiß es nicht!

Gibt mir das Jenseits Ziel und Sinn?
Ich weiß es nicht!

Gibt mir also nichts Gewinn?
Auch das weiß ich nicht!

Drum, oh Herr, gib endlich mir
Das wissende Gesicht!

Schlüssige Ehrlichkeit

Gib's auf, zu streben nach prominentem Ruhm und behördlicher Ehr.
Nimm es leicht, zu erkennen pathetisches Tun und verlogene Mähr.
Bedeutsamkeit resultiert aus deiner Ehrlichkeit,
Mit der du gewinnst dutzendfache Begehrlichkeit.

Du bist genuin, wenn du hütest deine Bestimmung,
Die ausdrückt deine frei gewählte Gesinnung.
Mit ihr kannst du das Schwert des Wortes schlagen
Und honett deine Moral und Botschaft weitersagen.

Auf Kultur und ethisch geprägtem Verhalten
Wurzelt authentisch geformtes Gestalten.
Die fixen und verwehten Spuren deiner Bahnen
Ziehen erst daraus deinen zweifelsfreien Namen.

Schöpfung

Mit Bla, Bla, Bla und Ha, Ha, Ha
Entpuppt sich banal des Menschen Ja.

Wenn ein Zuviel von allem davon,
Sinn verliert seinen irdischen Lohn.

Der Abend des Lebens wird tröge,
"Licht!" ruft Gott, der allein es vermöge.

"Hell der Tag und zugleich finster“
Und verschmitzt dabei grinst er.

Schürfen

Lasst mich heimsuchen der Ställe dunkle Ecken,
Um Vertanes und Verdrängtes zu entdecken.

Auguren sollten mich nicht hindern am Erspüren
Von verborgen liegenden Geschwüren.

Jedoch des Lebens morschen Kern
Vermeiden wir leidenschaftlich und gern.

Dieserart sind wir: zaudernd und schwach;
Im Antonym hingegen: kritisch, krekel und wach.

Seelentreiber

Was treibt mich um zum eigenen Platzieren?
Das Denken, Wandern und Debattieren!
Disput ist mir sowieso nicht fremd,
Auch, wenn er fleddert mir mein Hemd.

Doch was mich reizt bis zur Unendlichkeit,
Sind Fragen und Optionen zu der Wirklichkeit.
Sie geben im Ausdruck mir Richtung und Kraft
Und fürs Leben den nötigen, treibenden Saft.

Seitenwechsel

Ich bin mal weg, mach mich vom Acker,
War mein Leben lang ein arbeitsamer Racker!

Jetzt hat wer gesagt, "es genügt, es ist genug!
Nimm Abstand von deiner Spezies Lebenszug!

Zieh dich zurück in meine wärmende Höhle,
Gönn' dir das ewige Licht in deiner Seele!"

So geh ich mit Lust und Hoffnung von hinnen,
Um jenseits unbeirrt nochmal zu beginnen.

Sinn

Still sinniere ich vergnüglich dahin,
Um aufzuhellen den tieferen Sinn
Allen Geschehens in Freud und Leid,
Der mir Demut, Erdulden und Akzeptanz verleiht.

Rufe nach Sinn: nichts weiter als Kanzelreden,
Die Energie nehmen, aber kaum Einendes geben.
So plausibel der deklarierte Sinn sein mag,
Er arg versaut den frei gelebten Tag.

Zerrissenes nämlich wird nicht befriedet
Und peripher mit Common sense vergütet.
Was Wunder, wenn er stirbt als Floskel
Und avanciert zum inhaltsleeren Gospel.

Robuster Sinn lässt Zumutung verblassen,
Erhellt des Glaubens dunkle Gassen,
Widersteht der allgemeingültigen Verortung
Und liebt nur persönliche Verantwortung.

Spinnerte

Wenn Wunsch und Hier zusammenfinden,
Gelingen zarte rosagrüne Linden!

Sie saugen gern vitales Chlorophyll
Von dem, der hoffnungsfroh gibt viel.

Doch toben dazwischen Diskrepanzen,
Gerät der Wunsch schnell zum Schimpansen.

Rammen das Leben aus der konzilianten Bahn

Und permutieren zum bizarr gelebten Wahn.

So bleib‘ im Hier und im realen Jetzt,
Das dem Wunsch die Grenzen setzt.

Erlaub‘ jedoch zu wähnen kühnen Wurf.
Wäge viel, damit er bleibt kein Entwurf.

Darauf nimm kritisch zweifelnd an,
Wer die Kühnheit dir ersticken kann.

Schmeiß ihn raus aus deinem Haus,
Enge Horizonte weite aus!

Pack ein ins Denken Revolution,
Es schafft libertär dir Innovation
Als hohes Ziel mit erkennendem Gewinn:
Dass Dämon und Wunsch ein Tandem sind.

Ein Duo, das Verzagte schreckt,
Weisen nur den Stachel löckt.

Dich also hinterlässt als Held,
Für den die andern zahlen Geld.

Was wiederum die Wahrheit kündet:
Schrullig-spinnert zündet!

Spiritum

Usque ad extremum Spiritum!

Schimpfen und Keifen,
statt den Tort zu begreifen.

Treten und Schlagen,
statt gedeihlich beizutragen.

Ignorieren und Verneinen,
statt mal Ja zu meinen.

Urteilen und Rundschleifen,
statt im Irrtum zu reifen.

Kurz:
Wir sind zu laut, statt still und stumm
Zu erwägen, was da steht im Apostolikum:
Bekenntnis als Remedium!

Stärken

Bleib hier, bis der Docht der Kerze bricht das flackernde Licht,
Bis wir finden erfüllend gemeinsame Sicht,

Bis das Leben uns in Lust und Sucht umarmt,
Bis es ruft „Wahrheit“ und sich um uns erbarmt.

Dann können Stürme unbarmherzig wildernd wüten
Und wir vor bleibenden Narben uns hüten.

Dann stehen wir vor ungewissen letzten Nächten
bestärkt von unseren eigenen Mächten.

Stupser

Lass es gut sein und
Schenke guten Wein ein!

Nicht Jammern,
Den Augenblick klammern!

Zufrieden leben,
Fehler vergeben!

Nicht verdrießen,
Versäumen genießen!

Auf Wahrheit beharren,
Mist wegkarren!

Ideen folgen,
Rat vergolden!

Tage formen,
Erfolge normen!

Werte prägen,
Aufwand abwägen!

Patina fegen und
Vermächtnis hegen!

Sturmerprobt

Wo bleibt der Liebe robustes Band,
Wenn uns ängstigt unerschlossenes Land?

Es gedeiht auf dem Boden spiritueller Einigkeit,
Die widersteht den Stürmen der Vergänglichkeit!

Sturmfest

Wenn Winde und aasige Luft sich drehen,
Wird keiner von den moralinsauren Bürgen
Entrinnen dem sittenstrengen Gewürgten,
Da Worte und Semantik im Sturm des Egos verwehen.

Doch hält der in seiner Haltung robust Gegossene
Sein Haus von verzagten Passionen granulär rein,
Wird ihm allzeit als Mantra beschieden sein:
Bleib kritisch und erforsche das Verflossene!

Suchende

(In Memoriam Herbert, der Liebe suchte und zu spät fand)

Auf der Suche nach Leben, nach Lust und nach Sinn
Irrte er orientierungslos irgendwohin.
Er brach Versprechen und probierte sich aus,
Bekam nie auch nur für irgendetwas Applaus.

Im Unsteten war er ‘ne echte Nummer und groß,
Sein brüchiges Ego camouflierte radikal famos.
Er erlaubte sich alles, träumte aber elegisch den
steten Sehnsuchtstraum,
In dem er liebt ohne Kalkül im endlos weiten,
sinnlichen Raum.

Amorph war die Geliebte und flüchtiger Gestalt,
Sie lehrte ihn Sehnsucht, gab im Traum und im
nächtlichen Dunkel festen Halt.
Wurzelknapp wie junge Koniferen
Hielt sie ihn im blassen Ungefähren.

Doch dann bei einer dieser hohlen Feten:
Eine wie er, leer und von Sehnsucht getränktem Beben.
Sie wussten sofort: zwei Seelenverwandte!
Herausgefallen aus Mimikry und Ego Bande.

Sie tauchten ein in die Melodie der Zeit,
Summten sie vergnügt von ihren Ängsten befreit.
Zum ersten Mal hörten sie im Takt schlagenden Puls,
Tief berührt donnerten sie hymnisch: Das Leben ist uns.

Liebend einander zugetan versanken sie im wärmend
hellen Tageslicht,
Belächelten milde die ehemals diabolische Ego-Sicht.
Sie waren eins mit glücklichen Stunden
Und heilten so ihre noch blutenden Wunden.

Gemeinsam strebten sie zu sorglosem Sein
Und sahen hinweg über die zunehmende Pein.
Vor Erfüllung blind im gleißenden Licht
Spürten sie den toxischen Schwelbrand nicht.

Die Flammen schlugen abrupt über sie herein,
lähmten den Willen, atemlos glücklich zu sein.
Am Ende ergeben der Ohnmacht der Zeit,
Zu einem letzten einmütigen Reigen bereit.

Sie tanzten bis die Sonne am Horizont versank
Und sanft die Energie aus dem Körper verschwand.
Zu sehr hat ihre Kraft fürs Leben sich verzweigt.
Jetzt sind sie da oben, vereint auf ewige Zeit.

Tagesglück

Wie schön war die grüne Peripherie der Wiesen und Felder heute Morgen bei der Fahrt über die Mintharder Brücke!

Frühjährliches, helles Grün, obwohl es doch schon Mitte November war. Angestrahlt von der aufgehenden Sonne und reflektiert mit kräuselndem Wechsel von Schatten und Licht auf dem von hohem Gras und Büschen bewachsenen Damm. Beglückende Minuten später die entspannte und erfolgreiche Parkplatzsuche mit einem nie erwartetem Tagestarif.

Die Tagungsstimmung dann war durchweg erhoben und die Debattenbeiträge brachten neben viel Zustimmung und angenehmen Gesprächen potenziell erfolgsversprechende Kontakte.

Danke, für den gelungenen Tag!

Trag mich heim

Auf geht's Kumpane! Überall ist Heiterkeit.
Blättersberg & Co – romantische Glückseligkeit.
Brauchtum gedeiht sicher in der Spur,
Beständiger als die flüchtige Karikatur,
Bunter auch als die vielen Sandstein Familien
Und wohltuend schön wie blühende Kamelien.

Straße, trag mich heim,
Wohin ich gehör,
Zu Menschen im Wesen fein,
Zu den Lieben, auf die ich schwör!
In der Jugend heiße Spiele,
Keine Pflichten, Sorgen, Ziele,
Kein Gewinnen, kein Verlieren,
Oft nicht mal Genieren.
Lasten weichen von den Schultern,
„Kein Tabu!" – zu hören von den Duldern.

Straße, trag' mich heim,
Wohin ich gehör,
Zu Menschen im Wesen fein,
Zu den Lieben, auf die ich schwör!

Näher rückt der Berg der Blätter.
Das Herz verdrängt den Kopf als Retter.
Es ruft mich heim zu meinem Ursprung,
Wo Gesprochenes verbürgt die Geltung.
Sparsam mal das Wort, doch unverbrüchlich,
Zeigt es die Haltung und macht mich glücklich.

Straße, trag' mich heim,
Nach Weyher, westlich vom Rhein,
Wo der Mensch gedeiht zum Akteur,
Wo noch Anstand verleiht die Honneur.

Dort stehen Reben für Lust und Wein
Und bestimmt Respekt das irdische Sein.
Nachbarn helfen auch bei kleinem Malheur
Und Heiterkeit zaubert ins Herz die Couleur.
„Ja, da oben“! Gleich bin ich da,
Im Haus, in dem Mutter mich gebar.

Tumbheitsrodeo

Einfach simpel soll die Anforderung sein
Und dem Gelingen Garantie verleihen.
Nicht viel erwarten an Schmalz und Grips,
Dann schafft die Hürden auch ein Hoppeditz.

So findet der Drang nach Kompetenz und Rang
Im Vereinfachen einen genial trivialen Klang.
Der gelingt auch dem deppertsten depperten Tor
Und öffnet Dämlacken und Knallchargen das Ohr.

Die wiederum, weil geneigt und ebenso tumb,
Ihn für bedeutend halten in der Welten Rund.
Flugs tanzen sie nach der vermuteten Melodie
Und stolpern fröhlich verpeilt übers eigene Knie.

So ist mancher auf schillernd olympischem Thron
Das Ergebnis mental prekär erbrachter Fron.
Strunzdumm und vergnügt treudoof
Kehrt er ballaballa dann der Obernarren Hof.

Tun & Lassen

Schwingen in den Ästen.
Tanzen in kleidenden Resten.

Jubeln in vertrauten Armen.
Schenken zum geneigten Barmen.

Lachen zum Vergessen.
Geben, was Besessen.

Ruhen in dem Festen.
Wärmen an den Gesten.

Sonnen in der Lust.
Witzeln übers Muss!

Zulassen das erwartbare Ende.
Genießen, was Gott auch sende.

Überleben

Was soll bleiben von der Materie Rest?
Der gelebte Sinn im Weltgeäst!

Umkehr

Weißt du noch, wie es war vor Jahren,
Als wir uns als Unikate gebarten,
Mit Sehnsüchten und Gelüsten,
Mit Träumen und wackligen Gerüsten,
Mit Worten, die wir nicht verstanden,
Mit Abenden, wo wir uns Liebe gestanden,
Mit unausgesprochener Zweisamkeit,
Mit Bemühen gegen die Einsamkeit?

Kein Weg war uns zu weit.
Kein Mut hat uns entzweit.
Versuch und Irrtum war unser Leben,
Format und Richtung wollten wir uns geben.
Verloren haben wir jedoch beides
Dank des egoistischen Kleides,
Das uns umwehte und vermaledeite
Ein umschichtendes Leben Seite an Seite.

Lass uns wieder neu beginnen
Und dem Egoismus nun entrinnen!
Wir können es fröhlich wuppen,
Wenn wir gelassen uns entpuppen
Von Eitelkeit und Beharren
Und unserer Augen Sparren.

So leuchten die Sterne des hellen Südens
Und lassen die Chöre des eitlen Bemühens
Verstummen im authentischen Jetzt,
Das uns in ein robustes Format versetzt.

Unbekümmertheit

Heute ist ein echt beschissenes Wetter,
Bringt im Benehmen nur keifendes Gewitter.

Das wiederum, bereinigt vom impulsiven Schwung,
Portiert das Gezeter in spirituell geklärten Dung.

Wir bleiben der Mensch, wie er nun mal ist
Und wie er die Flagge der Farben hisst.

Eines genügt, um den Schalk zu stupsen,
Bei dem Ganzen fröhlich noch zu pupsen.

Validation

Ich habe gelebt zufrieden und oft mit berstender Lust.
Auch Zweifel, Unrecht und Ego waren mir bewusst.

Verzeiht, wie immer ihr davon betroffen seid,
Mir meine gedankenlose Unzulänglichkeit.

Sie prägte Reifen, Erfolge, Desaster und Sein.
Jetzt muss sie bestehen den letzten Erlaubnisschein

Zum vergnügten Beenden des wackligen Lebens
Und zum Status eines allzeitig vergebenen Wesens.

Veralberung

Salbei, Majoran und Rosmarin
Begründen ziviler Krankheit Ruin.
Lebenslust und Seelenjapsen
Speisen limbische Synapsen.

Diese feuern wiederum
Trunkener Freude Ummedum.
Selles zwar viril sehr ungesund,
Macht's tröge Leben aber rund.

So, dass am Ende Kodexe zwar standen,
Die aber kaum vom Volk verstanden.
Gebrochene Common Sense Gebote
Transmutieren die verballhornten Verbote.

Vergnügtheit

Hebt an auf das, was ist und war,
Lasst Zukunft zu und seid gewahr,
Das Leben ist ein hohles Nichts,
Wenn‘s mangelt eines lustigen Gesichts!

Wer den Absprung schafft vom eitlen Gaul,
Dem wächst ein lauteres und gerechtes Maul,
Mit dem ihm oftmals gut gelingt,
Mal zu säuseln, mal zu blasen
Den selbstgezeugten Wind.

Verlässlichkeit

Verlässlichkeit und absichtsfreies Mögen,
Schaffen ewige Werte auch bei leeren Trögen,
Nähren die Seele mit zugeneigtem Denken,
Glätten das Miteinander seit Menschen Gedenken.

Verletzlichkeit

Warum wogen der Seele Stürme und Stimmung?
Weil der plusternd gewünschten Bestimmung
Von Identität, Kongruenz und klarer Erklärung
Entspricht nur des Hirnstamms rudimentäre Währung:

Emotional wehrhafte Erfüllung,
Lüste in gleißender Gesinnung.
Ziele instinktiver Prägung.
Wo Leben wabert, ist stete Gefährdung.

Ein Vulnerabler pellt sich die härtende Rüstung
Und stürzt ins Inferno hinter der Brüstung.
Wie einst Sigurd, der sagenhaft tragische Held,
ist der Dumme, der sich für unbesiegbar hält.

Verschleierung

Unter schwarzen Wolken zaubern Alraune Brot und Lob,
Indes der Kobolde Spirit schmeichelt die sinistere Seele,
Deren Odem die Brust noch gestern ins Helle zwar hob,
Im Schatten aber gerade errichtet eine maligne Stele.

Vetterleswirtschaft

Was ist bloß los in der verrückten Welt?
Skandale, Betrug, jeder tut, was ihm gefällt.

Der Teufel scheißt dorthin, wo schon viel stinkt,
Zurück bleibt der, der zwar bemüht ist, oft aber hinkt.

Weil ihm vielleicht Geburt und Peer verwehrt,
Was Intellekt, Herz und Hand begehrt:

Eine Allmende voller Optionen
Für kompetenzgetränkte Ambitionen.

Vielfalt

„Lass gut sein, lass das Fragen,
Man kann einmal nur die Wahrheit sagen!“

Das sind Dogmen fesselnd schlecht,
werden Vielfalt und Dynamik kaum gerecht.

Zeig lieber, was im Unbestimmten dich bewegt
Und was den Zweifel in dir weiter hegt.

Rundum zu blicken ist Gebot,
Zu erkennen das stumme Verbot.

Aus verschiedenen Sichten
Lassen Meinungen sich gewichten.

Sie bringen Klarheit und Erkenntnis,
Gestatten Korrekturen und Verständnis.

So lass uns leben klar und auch im Rhythmus
Und hinterfragen, wenn‘s zur Klärung sein muss.

Vollprogramm

Fröhlich für das Leben beben,
Auch Radikalem Chancen geben!

Draufhauen und Genießen,
Volle Lust ins Jetzt vergießen!

Nehmen, Tauschen und noch besser Geben
Lassen uns gedeihlich miteinander leben.

Sie laden Dez und Oberstübchen ein zum Erden.
Doch vorher soll's zum Usus werden:

Verzicht, Genuss und Widerspruch
Schützen seelisch vor dem Ermüdungsbruch.

Wachstumsthriller

Der Drang zur wirtschaftlichen Größe
Komponiert das schrille Marktgetöse.

Die Kakofonie wohl endet nie,
Sie zwingt die Mehrheit in die Knie.

Ökonomisch effizient:
Der Götze, der den Wert verdrängt.

Tonnen von Waren lodern im Feuer,
Entfacht vom Wachstumsungeheuer.

Reparieren? Fehlanzeige!
Marge spielt die erste Geige.

Schnell das Ende dann erreicht,
Wenn die Weitsicht der Rendite weicht.

Wie bei des Bauers Hühneraugen,
Dessen Schuhe halt nix taugen,
Ist dem Druck nur auszuweichen,
Wenn wir alles am Gemeinwohl eichen!

Wahre Wohltäter

Menschen, die gut tun, reden nicht nach dem Mund.
Sie bieten Optionen und tun Widerspruch kund.

Sie lassen Meinung zu und stellen infrage,
Was in der gebügelten Welt ist gesicherte Sage.

Aus gemeinsamem Denken und Wägen
Entsteht neues und kontroverses Erwägen.

Sie renovieren gelebtes Hier und die Tür zum Morgen,
Sie rütteln am Alten und halten dich dennoch geborgen.

Sie führen dich aus breitgelatschter Spur,
Sind dabei verlässlich wie der heiligste Schwur.

So sind sie, die einem gut tun
Und selber gut in sich ruhen!

Waldlaufen

Ich laufe, um der Erquickung willen, den Berg hinauf
und auch hinab;
Streif gedanklich mein grünes, moosiges Grab,
Das ich als Monstranz der Ruhe vor Jahren mir gab.

Im Wald wird mir das Blatt der Eiche dann zum Lab,
Das energisch antreibt zur lustvollen Tat,
Deren Unwucht markiert das Lebensrad.

So nützen Blätterbergs Wege Körper und Gelenken,
Insbesondere der grenzenlosen Freiheit im Denken,
Die dazu beiträgt, libertär durchs Leben mich zu lenken.

Wandlung

Was einfach aussieht, ist komplex gewirkt,
Ruhigem Herzen jedoch gerecht.
Ein wahrer Satz beim Denken wirkt:
Wohlan, kehr um vom Knecht zum Hecht!

Freue dich an kleinen Dingen,
Unaufgeregt und echt,
'S Leben kann sehr gut gelingen,
Wenn du selbst dir wirst gerecht!

Weil es nie zu spät ist

Der Mensch an sich ist gut gestellt,
Wenn er hegt und pflegt sein eigenes Gestell.
Das wiegt ihn gern im sanften Schlummer,
Verdeckt gar intellektuellen Kummer.

In das jedoch hauen greller Blitz und lauter Donner,
Wenn die Zuneigung erhitzt wie die Luft im Sommer.
Innigkeit fährt in die Seele, reißt weg den grauen Schleier
Über beider längst erloschenem Beziehungsfeuer.

Zaghaft, pubertär und aus der Zeit gefallen
Scheucht der glühend heiße Funke Tabu und
eingeübtes Wohlgefallen.
Er befeuert magisch jedes Mikrogramm Endorphin
Und Myriaden vom bindungstrunkenen Oxytocin.

Ohne Zögern sprengt er der Tage Trägheit,
Entfesselt Freude und die erkaltete Begehrlichkeit.
Glücksmomente tanzen Tango und Twist
Und geben der Zurückhaltung nur kurze Frist.

Aus tristem Einerlei keimt sanft hervor

Ein rekonvaleszent erwachter Amor.
Der lässt lauthals den Geblitzten jubeln
Und das gebeutelt‘ Herz ins Träumen trudeln:

Von Momenten, die beschwingen, nie vermodern
Und wie beider Herzen in die Zukunft lodern.
Wie Zähneknirschen weicht dem Frohsinn
Und Verzagtheit mutigem Beginn.
Schmerz wird mild und Spitzes stumpf,
Ausgetrocknet der morbide Sumpf.
Bitternis wandelt zur Fröhlichkeit,
Zwietracht zur Friedfertigkeit.
Austausch und Verstehen können gesellen
Und das Futurum der Menschheit erhellen:
Mit Gewohnheit, Trägheit und Bekanntheit brechen
Und mit ihrem Herzen sprechen.

Das ist die Signatur, in der vorzeiten lag der Bruch
Und das Neben- nicht das Miteinander führte Buch.
In der Stummheit sich wandelte in Einsamkeit,
Aus der dann floh die angenagte Zweisamkeit.

Wer den Abzweig hat verfehlt,
Wird beim ersten Donner angezählt.
Nun kann er sein Gestell neu pflegen
Und den Auftakt zärtlich hegen.

Weltmission

Willkommen in der wunderbaren Welt!
Wollt ihr wissen, warum sie mir gefällt?
Wer sie mag oder auch nicht, kann wählen:
Affenbrotbäume oder Nuggets zählen.

Sie mag drohen, sie mag barmen,
Sie mag beistehen Reichen oder Armen,

Sie mag schön sein oder hässlich,
Sich gebärden mild oder gar grässlich.

Der Ort der Wahrheit wird sie immer sein,
Weil sie auch fremde Gesellen lässt herein.
Alles ist ein Kind ihrer offenbaren Lust,
Selbst Dummheit erträgt sie ohne Frust.

Sie bewahrt des Lebens untrügliche Glut
Und formt das Wesen von Haltung und Mut.
Sie schreibt das Drehbuch für Lust und Spiel
Und hält in stürmischer See das Ruder stabil.

Sie mehrt Gewinn, begründet die Entwicklung
Hin zu einer weitgespannten Richtung.
Drum gib ihr gleichsam im Höchstmaß,
Was festigt ihre verletzliche Balance.

Wesenszüge

Wenn Sonnen scheinen,
Können Seelen kaum weinen.

Bleibt der Himmel finster,
Sieht der Vernarbte Gespinster.

Der Freie, gewohnt das Dunkel,
Entspannt und liebt's Gemunkel.

Wesentliches

Wenn entfernte Welten zu einander finden,
Kann getrost sich jeder binden
An Gemeinsinn und Verantwortung,
Um zu nutzen der Almende Losung.

Allein der Knechtschaft derbes Denken

Vermag den Blick aufs Wesentliche lenken.
Das birgt den Zweifel und das Wissen,
Die das ewig Gestrige lustvoll verpissen.

Wichtelbeben

Ein kleines Herz pocht laut, aber ungehört,
Weil's im Konzert der Großen findet kein Gehör.

Doch es hätte was zu sagen im Getöse lauten Seins
Und könnte hellen des Schatten fahlen Scheins.

Der verdeckt der Gedanken Blässe elegant
Im rhetorisch betörend vertonten Gewand.

So kann das kleine Herz, wenn es will und darf,
Übersetzen des Menschen eigentlichen Bedarf.

Spitz oder stumpf hebt es den septischen Schleier
Manch listig orchestrierter Menschenfeier.

Hört demnach auf die kleinen Seelenbeben,
Die intonieren Lieder von Träumen und gutem Leben.

Die Melodie und Rebellion unverzagter Herzen
Trommeln weg früh keimende Seelenschmerzen.

Widersprüche

Ich will in Demut verbringen den Lebensabend,
Der mir bewahrt die Motive gierig labend.
Den Widerspruch ich zwar erkenn,
Doch was soll sonst: Nimm es an oder flenn!

Entschieden fürs kompromisslose Sein,
Plagen den Weltengang Stürme wie Pein.
Doch im überzeugt gelebten Jetzt

Ist keiner an Leib oder Seele wirklich verletzt.
Nein: Er steigt auf aus brüchiger Ruine,
Einfallsreich und freundlich wie ein Beduine.
Baut Kastelle zum Erhalt von Leib und Leben,
Füllt den Beutel und kann vielen was geben.

Leb also Leben als wäre es nur deins,
Sei bewusst dir deines zerbrechlichen Gebeins,
Das jedoch fügt Habitus, Sein und Sinn
Und gebiert auch aus widrigen Winden Gewinn.

Munterer Geselle, wohlan, mach's dir bewusst,
Gelingendes Leben schlägt in lauterer Brust,
Die ein Sowohl-als-auch nicht schmerzlich empfindet,
Weil sie Widersprüche zur psychologischen Einheit bindet!

Wie war es noch

Wie war es noch vor Jahren, als wir kühne
Ideen gebarten?
Voller Begierde wollte keiner mehr warten.

Naiv, doch voller Zuversicht hetzten wir an
den Rand des Nichts.
Beschützt vom erwachenden Ich, das einfing
die Mystik des Jüngsten Gerichts.

Auch danach ward es nicht mutueller und in
der Seele schon gar nicht heller,
Da das Ego meist ist geblendet vom gleißenden
Licht im entrümpelten Keller.

Und heute? Kaum anders nach der illustren Odyssee
Schlägt's Herz meist den Verstand und 's Haar ist
weiß wie Schnee.

Quengeln spät noch Ideen vom verblassenden Damals:
Vertrau! Sie brechen sich Bahn als stets dräuendes Jemals!

Wiederkehr mit Augenzwinkern

Ich bin geboren, um zu leben,
Mich zu erfreuen an dem Sein.

Ich bin gegangen, um zu übergeben
Meinem Schöpfer die schuldige Pein.

Meines Lebens dunkle Sünden
Mit Superbem mich verbünden.

Gelungenes überlebt, bittschön, bei mir
Als Blaupause für mein nächstes Revenir!

Wieseln

Das Wieseln und das Pieseln
Ist Stoffwechselrieseln
Auch bei Riesen.

Hm, was ist da so erwähnenswert?
Das alles beileibe ist doch uralt
Und lässt uns auch bei Hitze kalt!

Na ja, es wirkt
sogar als Reim
befreiend halt!

Wirkung

Immer dann, wenn es sichtbar wird,
Sediert es mich und macht mich verwirrt.

Immer dann, wenn es verborgen war,
Ward es mir in der Ahnung nah.

Allein der Gedanke blass genügt
Und ich rätsle über mich recht vergnügt.

Wurzeln

Wenn wir als Kinder bauten Höhlen und Hütten in des Waldes Tiefen
Und gern vergaßen Zeit, auch den Gehorsam, wenn die Mütter riefen,
Bekam das bübische Tun zwischen Mariengrotte und Schweizerhaus
Von Granden, Passanten und Eltern eher Knurren und nur gelegentlich Applaus.

Weil hier in den milden Pfälzer Lüften
Indianer, Cowboys und Rabauken durch
Die raunenden Wälder hüpften,
Auf Heu die Bühnen für das „Theater“ standen
Und wir im freien Spiel uns fanden,
War manchem aus dem Dorf suspekt,
Was wir keck wohl heute haben ausgeheckt.

Freier Text und lachende Idee,
Kreativ, betörend, weiß wie Schnee.
Ungebunden aus dem Gefühl entstanden,
Das wir als Freibrief oft verstanden,
Zu Höhenflügen anzusetzen
Und allen Freigeist zu vernetzen.

Lächeln, Schmunzeln und auch loben
Wurden adelnd uns zum Lohn geboten.
Hin und wieder auch offene Münder,
aus denen tropfte ein verzücktes: „Kinder!“

Höhlen, Bunker, erodierende Geäste
Luden ein uns als gesuchte Gäste,
Die die Freiheit selbst sich schafften,
Auf die manch‘ andre neidisch gafften.

So wuchsen heran Resilienz und Persönlichkeit,
Unikum und flagrante Unabhängigkeit.

Haltung und Geist: geprägt vom Spiel mit dem Nächsten,
Sind bis heute Konfidenten, die ‘s palatine Bewusstsein mästen.

Zeit zu leben

Ein Haus und Sicherheit,
Ein Ring in Ewigkeit,
Ein Mensch der immer bleibt,
Vernunft für alle Zeit,
Wovor haben wir nur so viel Angst?

Ein Lächeln, das nicht stimmt,
Ein Blick, der nichts beginnt,
Die Hand, die nur noch nimmt,
Und Zeit die schnell verrinnt,
Wovor haben wir nur so viel Angst?

Und der Wind fegt all die Blätter fort
Und der Tod ist mehr als nur ein Wort.
Denn nichts bleibt, nichts bleibt, nichts bleibt.
Kein Ring, kein Gold, kein Leid.
Nichts bleibt, nichts bleibt, nichts bleibt.

Es wird Zeit zu leben, endlich Zeit.
Zeit zu leben.

Mein Pass sagt mir "ich bin",
Das Konto sagt "ich hab",
Die Fotos und das Kind zeigen, ich war immer da.
Alles was ich habe, gehört mir.

"Nichts als Schmerz" sagt die Angst,
"Nichts als Angst" sagt der Schmerz,
"Halt es fest" sagt der Kopf,

"Lass es los" sagt das Herz,
Und die Liebe sagt leise "jetzt und hier".

Und der Wind fegt all die Blätter fort
Und der Tod ist mehr als nur ein Wort.
Denn nichts bleibt, nichts bleibt, nichts bleibt.
Kein Ring, kein Gold, kein Leid.
Nichts bleibt, nichts bleibt, nichts bleibt.
Es wird Zeit zu leben, endlich Zeit.
Zeit zu leben, endlich Zeit.
Es wird Zeit zu leben, endlich Zeit.
Zeit zu leben, endlich Zeit.
Zeit zu leben.
(Klaus Hoffmann)

Zeitgrenzen

Cupertino, Tokio, Peking und Berlin:
Vielfalt und Distanz - auch verwandter Sinn?

Die Welt versammelt sich im Kreis der Uhr,
Doch nicht im Verstehen der Kultur.

So mag die Zeit dartun 5 vor 12 oder danach,
kaum mehr, was sie an Universellem vermag.

Sie schafft's nicht, zu versöhnen mit rebellischem Geist.
Der zeigt weiter die Zähne, knurrt und bockt vom einenden
Wir längst verwaist.

Zurück in die Zukunft

Sehnsucht trunken springen Gedanken
hin und zurück
Und Verharren im Gestern, wo zelebrierte
das Leben schon Glück.

Heute verliert sich die Spur aus Zuversicht und Glaube,
Überzieht Dunkles das Gestern und verschlingt die
gurrende Taube.

Sie turtelte höher als der Spatz in der Hand,
Der hält zum letzten Flattern ein zittriges Band,
Es birgt die Erinnerung des mächtigen Gedankens
Zum Sprengen des trüben, zerstörenden Zankens,
Zum Keimen von Hoffnung, Zuversicht und Tatendrang,
Zum Leben voll Demut und lustvollem Müßiggang.

Wie's wird, weiß keiner und gestern ist nicht heute.
Nutz' nur den Klang der Vergangenheit für das
morgige Ausgeläute.
Unbändige Lust auf Wald, Natur und letzte Bestimmung
Hellt auf die Aussicht auf Tage, Nächte und Stimmung,
Auf belebende Inspiration
Und in Dur den klingenden Ton.
Auf die allgegenwärtige Blenk.
Was wird, wird so, wie ich es mir denk.

So lass ich Geschichten und leb im Heute,
Entflieh des zehrenden Zweifels Beute.
Wie's wird wird's gut,
Weil: ‘s ist frischer Lebensmut!

Zurückhaltung

Warum drücke ich so viel im Reim denn aus?
Weil mich wohl scheut der klaren Worte Graus.

Zur Quintessenz von Allem

Das Leben stets nach vorne denken
Und zur Erklärung Denken rückwärts lenken.

Printed by Books on Demand GmbH, Norderstedt / Germany